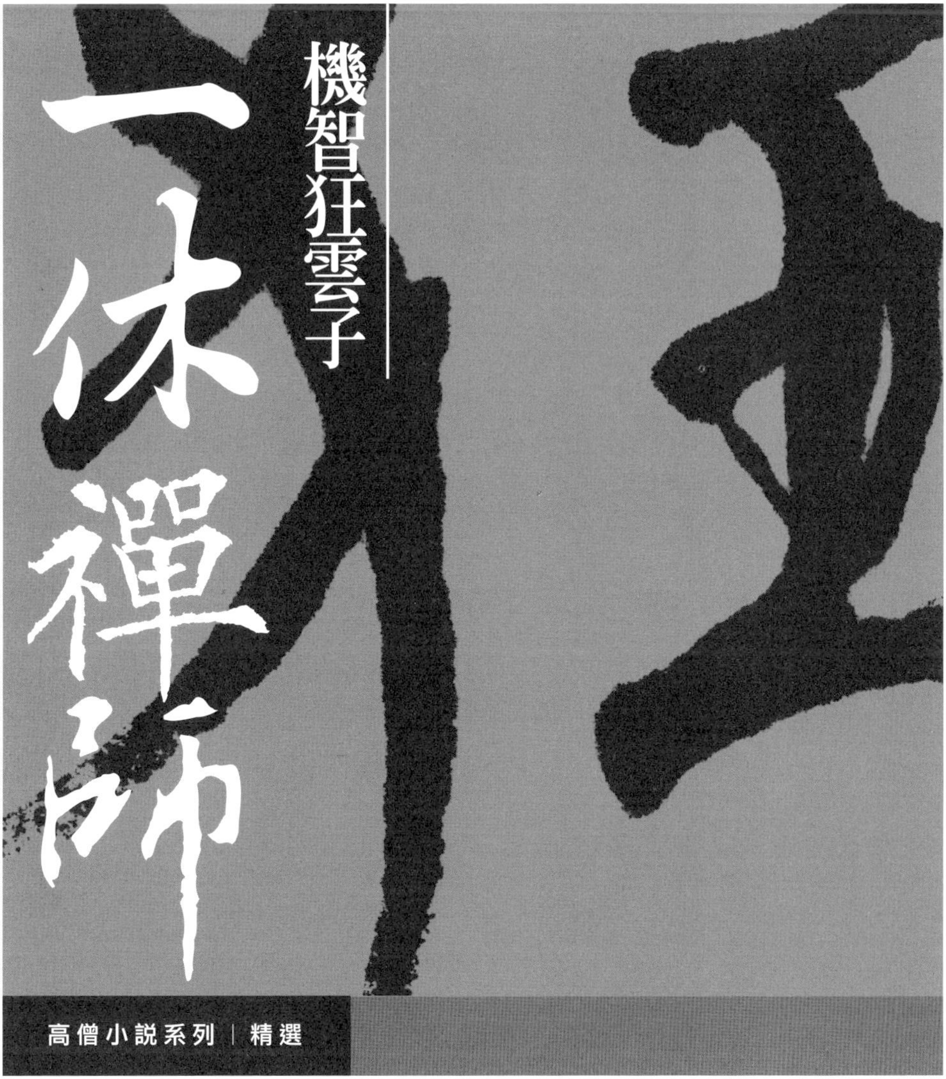

陳文婉　著◆劉建志　繪

智慧與慈悲的分享

聖嚴法師

小說，是通過文學的筆觸，以說故事的方式，表現人性之美，所以稱為文藝作品。它可以是寫實的，也可以是虛構的，但它必定是與人心相應，才會獲得讀者的喜愛與共鳴。

高僧的傳記，是眞有其人、實有其事的眞實故事，也是通過文字的技巧，以敍述介紹的方式，將高僧的行誼，呈現在讀者的眼前，也是屬於文學類的作品，只是缺少小說那樣戲劇性的氣氛。

高僧的傳記，以現代人白話文體，加上小說的表現手法，那就顯得特別生動而富於趣味化了。我從小喜歡文學作品的原因，是佩服它有高度的說服力，並且能使讀者印象深刻，歷久不忘，並且認為高深的佛法，經過文學的表現，就能普及民間，深入民心，達成化世導俗的效果。我們發現諸多佛經的體裁，是用小品散文、長短篇小說，以及長短篇的詩偈寫成的。

近代已有人用白話文翻譯佛經，也有人以語體文重寫高僧傳記，但尚未有人以小說及童話的方式來重寫高僧傳記。故在《大藏經》中雖藏有極豐富的歷代高僧傳記資料，市面上卻很難見到。我們的法鼓文化事業股份有限公司，爲了使得故典的原文很容易地被現代的讀者接受，尤其容易讓青少年們喜愛，而從高僧傳記之中，分享到他們的智慧及慈悲，所以經過兩年多的策畫運作，推出一套「高僧小說系列」的叢書，選出四十位高僧的傳記，邀請到當代老、中、青三代的兒童文學作家群，根據史傳資料，用他們的生花妙筆、豐富的感情、敏銳的想像，加上電影蒙太奇的剪接技巧，以現代小說的形式，生動活潑地呈現到讀者的面前。這使得歷史上的高僧群，都回到我們現代人的生活中來，陪伴著我們，給我們智慧，給我們安慰，給我們健康，給我們平安。

這套叢書的主要對象是青少年，但它是屬於一切人的，是超越於年齡層次的佛教讀物。

我要在此感謝參與這套叢書編寫出版的全體工作人員，包括編者、作者、畫家、審核者、校對者、發行者，由於他們的努力，才能有這項成果奉獻在廣大的讀者之前。也請諸方先進和所有的讀者，多給我們鼓勵和指教。

一九九五年四月八日晨
序於台北法鼓山農禪寺

推薦序

人生要通往哪裡？

蔡志忠

「只有死掉的魚，才隨波逐流！」

人生是件簡單的事，是我們自己把它弄得很複雜的。

魚從來都不思考：

「水是什麼？

水爲何要流？

水爲何不流？」

這些無謂的問題。

魚只有一個最簡單的問題：

「我要不要游？
如何游？
游到哪裡？
游到那裡做什麼？」
人常自陷於無明的憂鬱深淵，無法跳脫出來。
人也常走進一條沒有出口的道路，
才發現原來這根本不是自己的人生之道。
兩千五百年前，佛陀原本也自陷於
人生的痛苦深淵……，經過六年的
修行思考，佛陀終於覺悟出：
「什麼是苦？
苦形成的次第過程？
如何消滅苦？
通往無苦的解脫自在之道。」

這也就是苦生、苦滅，一切因緣生的「三法印」、「緣起法」、「四聖諦」、「八正道」，所有攸關於人產生煩惱痛苦的原因和達到解脫、自在、清淨境界、彼岸之道的修行方法。

佛陀在世時，傳法四十五年，佛滅度後，佛陀的思想由他的弟子們傳承到後世，成為今天的佛教。在佛教的發展過程中，留下了許多動人的高僧故事。

除了《景德傳燈錄》記載著所有禪宗各支歷代高僧學佛得道的故事之外，《大藏經》五十卷的〈高僧傳〉、〈續高僧傳〉裡也記載很多歷代大師傳記典故；此外，還有印度、西藏、日本等地大師的故事。通過閱讀過去大德諸賢的故事，可以讓我們對人生的迷惘問題得到啓發。

胡適說：
「宗教要傳播得遠，
佛理要說得明白清楚，
都不能不靠白話來推廣。」

這套高僧小說也繼承這使命，以小說的方式講述高僧的故事。讓讀者能透過這些歷代高僧的故事，得以啓發人生大道。相信做爲一個中華民族的後代，身在儒、釋、道思想的傳統文化背景下，如能透過高僧小說多了解佛教思想，對自己未來人生之路的導引和思考，必定能獲得很大的益助。

珍惜知遇的因緣

在音樂、文學、哲學、玄學及宗教上，我曾經讓自己的心靈迷失在痛苦的旅程中，四處追尋，找不到一條明確的路來安頓內心的徬徨及迷惘。

常常，在毫無目標的情況下，周而復始地經營懵懵懂懂的生涯，時而志得意滿，時而挫敗頹喪，久而久之，不覺捫心自問：「是否如此庸庸碌碌了卻殘生？」在有限的生命當中，試問自己究竟對人生有過什麼貢獻？當生命走向盡頭時，是不是能對自己有個比較滿意的評分？

明知不能再如此虛擲光陰、浪費生命，卻又無從有效地給自己一個積極的目標。直到十年前，有幸接觸佛法，明白人生的意義，知道來這一趟的權利和義務，像是乍現光明，對未來的走向，產生了莫大的鼓舞。

只是學佛初期，幼稚愚昧，囫圇吞棗，就像剛接觸一項新的課程般，又新鮮又驚喜，只顧拚命地吸取新知，人云亦云地到處趕法會，一下打坐，一下誦經，滿口經文、教條，不知不覺間，又在浩瀚的佛法當中，再度迷失了方向。猛一覺醒，居然已染上了用「佛」的尺度來衡量旁人的「惡習」了。這麼一來，周遭的人又似乎是沒有一個及格的了。

更可笑的是，在非常地自以爲「慈悲」的心境下，四處布施、救人的日子過多了，竟然也熏熏然地被自己的菩薩心腸陶醉了，直到這種「嚴」以量人、「寬」以律己的歧途，使得人際關係又陷入了疙疙瘩瘩的情況，經過一番折騰，才在師父與善知識們的調教之下，明白了一些事理。原來，布施是要有智慧的，同情心也要建立在理智之上，在超乎自己的能力範圍去幫助別人，非但弄得自己起煩惱，當初的善意也容易變成對方的負擔。

而每個人投生再來，莫不是來學習的，大家都還不是佛，只是朝著佛的目標，努力向善，各有各的因緣，急著拿佛的尺度來論人是非，是不對的。我眞是大大地上了一課。

一休禪師的故事，正好也給了我們最具體的榜樣。就像許多已經悟道的高僧大德般，一休禪師也不會刻意地把自己塑造成一位道貌岸然的聖人，他就像隔鄰的長者般，隨時地出現在你面前，用平常人，就像爸爸的口吻，跟你閒話家常，適時地給你打打氣，並以長輩的立場教訓你。一位與你、我似乎沒有什麼兩樣，擁有喜、怒、哀、樂而且樸實無華的老伯伯，卻是眾人的歸依、明燈。

原來一位德行高超的人，是懂得如何去和有緣人打成一片，並在對方的理解層次上見機逗教，而不是成天藉用佛法的教理在唱高調。於是，我在生活中，巧遇了更多的善知識，哪怕是賣菜的小販、公寓的管理員、清潔工，甚至一草一木，人生頓然充滿了朝氣，每個人看起來，都像是佛菩薩了。

但願「一休禪師」的故事，能帶給讀者更遼闊的心胸，珍惜知遇的因緣，從生活中擷取更多的智慧。那麼，當下便解脫，無時不在極樂淨土了。

原版總序　智慧與慈悲的分享　聖嚴法師　003
推薦序　人生要通往哪裡？　蔡志忠　006
自序　珍惜知遇的因緣　010
01 神童的誕生　017
02 千菊丸　021
03 小沙彌周建　029
04 毒藥　039
05 伏虎記　045
06 名貴的茶杯　053
07 投湖　061

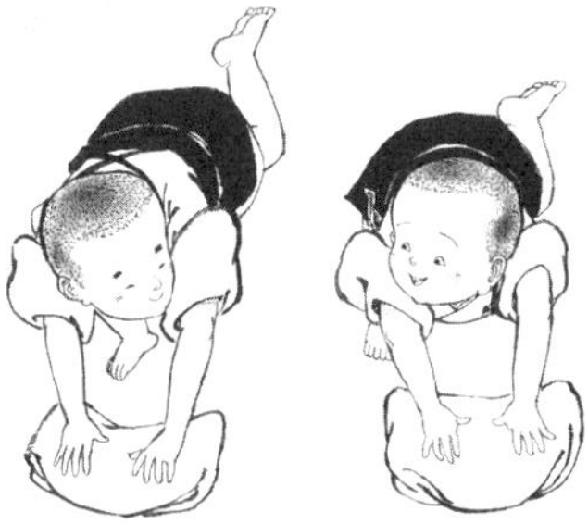

08 一休禪師 071
09 狂僧 083
10 僧衣吃飯 091
11 冰釋 097
12 深入民間 105
13 當機教化 119
14 一休到五休 129

佛學視窗
• 時代背景 136
• 歷史人物介紹 144
• 一休禪師年表 147

01 神童的誕生

「哇……哇……。」

應永元年（西元一三九四年），大年初一，天剛亮，在日本京都西郊嵯峨地區的一棟老舊農舍裡，傳出一陣陣洪亮的嬰啼聲。

「是個男孩，眞的是個男孩兒！看看他有多壯啊！」

上了年紀的產婆，很熟練地洗淨了新生的胎兒之後，一邊爲這小東西穿上嬰兒服，一邊抱給年輕、氣質高雅的媽媽瞧瞧，嘴裡還滔滔不絕地說著一大堆吉利的話兒：「元旦出生的娃兒，是吉祥兒……。」

老婦雀躍的模樣，就好像是自己的媳婦生了個小壯丁似地。

可不是嗎？這小傢伙頂著一個大頭顱，也不知是拗什麼脾氣，硬是不肯出來。接生的產婆和年輕的產婦，折騰了老半天，雖說是嚴冬的大清晨，還是流了滿身大汗。好不容易，挨到日出時分，才哇哇墜地，正趕在大年初一。

產婦疲累而憔悴的臉龐，微微地浮現一抹笑容，卻也忍不住淌下一行熱淚。

「假如，假如皇上能看看他……。」產婦百感交集地悄悄拭去了臉上的

淚痕。

在這個樸實、安靜的村莊裡，誰也不知道，爲什麼一個年輕的姑娘，會臨時選在這兒待產？受託的農舍主人，也只大略猜測這名少婦可能是跟親戚的女兒一樣，是一位在內宮侍候皇族的宮女。當時，京都是日本的皇都，因此附近的村民，從小就訓練家中的女兒宮廷禮儀，以便隨時被召喚入宮使喚。如果有哪一家的女兒被遴選爲宮女，或婦女被選爲皇子、皇孫的奶媽，對這一家人而言，無疑地是無上的光榮。

由於民風質樸，善良、單純的村民，都很清楚這種狀況，所以一聽到是宮女的拜託，也不多問，就慷慨地接下了這件事。又被囑咐一切必須保密，所以，篤實的農民也沒有把少婦可能來自宮內的事實，透露給鄰人知道。

當然，大家內心多少明白，若不是有天大的苦衷，沒有人會這樣挺著一個大肚子，來投靠偏遠地區的農家，非親非故地入了這戶農家的戶籍，並在三、四個月後生產。只是，大家都能善意地避開不問原因罷了。

02

千菊丸

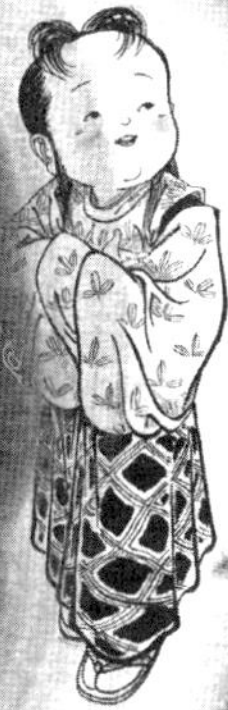

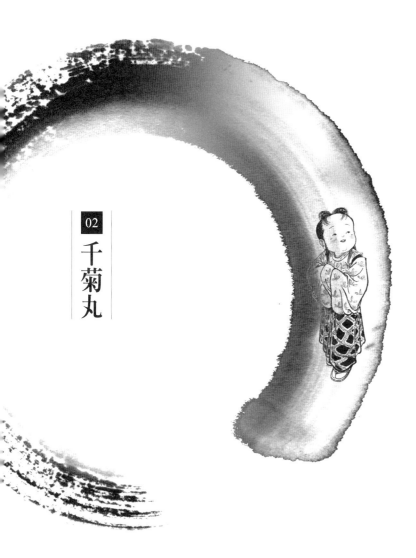

生下來的男孩，被取名爲「千菊丸」，而且擁有一位奶媽。這一件事，讓大家瞪大眼睛，簡直嚇呆了。

在當時，除非是皇子、皇女，或是相當高貴的人家，才會有奶媽。這位頗有氣質的奶媽一出現，人們不得不重新評估，體認到千菊丸和這位年輕母親的來頭了。

確實，千菊丸的父親不是別人，正是當時的皇上「後小松天皇」。而母親照子，則是皇上的寵妃，人們尊稱她爲「伊予局」（局，便是宮女的意思。通常，有相當地位的宮女，才會被尊稱爲「局」）。

千菊丸出生的時候，皇上十七歲，而伊予局則只有十五、六歲。

既然是皇上的寵妃，爲什麼必須掩人耳目，在人生地不熟的農家產子呢？

當時的日本，曾經分裂爲南、北兩個朝代達半個世紀之久。直到一三九二年十月，也就是千菊丸的父親「後小松天皇」即位後的第十年，南朝的後龜山天皇才把江山讓給了北朝的後小松天皇，分裂的朝代好不容易又合而爲一。千菊丸便是在南、北兩朝統一兩年後出生的。無可避免地，宮廷裡不管

上下，都還殘留著南、北朝的各種心結。

而集皇上寵愛於一身的伊予局，便首當其衝地成了犧牲對象。

因爲她曾經是皇上身旁的宮女，以她眉清目秀、端莊賢慧的資質，很快地便成爲皇上的寵妃。由於皇上過分地寵愛，而引發了眾妃的忌妒、不悅。這種情況，在後宮裡是常有的事。可是，因爲伊予局的父祖輩，曾經都是南朝的高官，所以這個事實，使得獨占皇恩的伊予局，成了眾妃攻擊的一大把柄。

當伊予局懷孕的消息一傳開來，本來只是在暗地裡勾心鬥角的人，一下子都顯露出來。例如，有人「不小心」踩到了伊予局的裙襬，很明顯的，是故意要絆倒她，以便製造意外流產。也有人在她的食物中，偷偷地下墮胎藥。幸虧伊予局身旁的侍女，警覺地撤走了可疑的食物，壞人才沒有得逞。

胎兒就是在這種戰戰兢兢的情況下，給奮力地保住了。敵視伊予局的人，計謀雖然一一被拆穿，但眼看著孩子就快出生了，實在不甘願就這樣罷休。於是又想出了一個點子，去向皇后打小報告說：「伊予局是南朝的人，隨身都帶著短刀，是危險分子，要皇后勸皇上當心。」

皇上聽了，內心很明白這不過是後宮恩怨罷了，並不相信那些讒言。何況，他深愛著伊予局，而伊予局又懷著自己的骨肉。

但是，事情發展到這種地步，皇上也不得不開始意識到愛妃的安全問題。再加上生下來的孩子有繼承皇位的可能，恐怕會遭有心人陷害，只好忍痛下令，不讓伊予局在正宮生產，而安排她到嵯峨，入農家戶籍以待產。

千菊丸便是在這樣坎坷的命運下誕生，從小就過著母子相依爲命、簡樸又單純的鄉居生活。

善良的伊予局，深信皇上對自己的愛，也頗能體諒皇上這種不得已的安排。她不願意哭哭啼啼地老是哀歎自己的命運，所以，很快地便打起精神來，盡心盡力地把兒子養育成一個堂堂正正的人。

＊ ＊ ＊

「阿黑！阿黑！」

千菊丸的奶媽「玉江」出身名門，是一位公卿的親妹妹，又深具愛心，對千菊丸百般照顧，視如己出。

「阿黑！快來看看！下雪囉！」

玉江長得健朗、黝黑，千菊丸非常喜歡她，便爲她取了個綽號叫「阿黑」。阿黑在千菊丸斷了奶之後，仍經常來探望他們母子，非常關懷千菊丸的成長狀況。

這一天，嵯峨地區一片皚皚白雪，奶媽特地來拜望他們。千菊丸剛過五歲生日，已經是個活蹦亂跳、精力旺盛的小男孩了。

「我說太子啊！人家學問之神❶——天神先生，像您這般大時，聽說就會作詩了哪！」

「詩？什麼樣的詩？」

「嗯你聽聽：

綿綿細雪，

飄滿手中，

小督❷袖口，

真是冷啊！」

「哼！那有什麼困難的，我也會啊！聽著喲：

粉白細雪，

飄滿手中，

阿黑臉上，

真想塗啊！」

「喂！好過分喲！」

玉江奶媽雖然嘴裡責怪千菊丸淘氣，卻也驚訝他的聰明和機智，便急著去稟告伊予局。

兩位慈祥的媽媽都笑了，笑得非常開心。

「千菊丸的未來得有所安排了。」

伊予局內心思忖著，該是讓兒子接受正規教育的時候了。這孩子應該接受什麼樣的教育呢？什麼樣的學校，最適合千菊丸呢？

做母親的，不禁很認眞地思索起來。

❖註釋❖

❶學問之神：本名菅原道真，是日本有名的學者。「神」是一種尊稱，有如中國人稱孔子為至聖先師。

❷小督：日本高昌天皇的寵妃，遭太正大臣之忌，遂削髮為尼。

03

小沙彌周建

應永六年（西元一三九九年）千菊丸出家了。六歲的千菊丸，被母親帶到京都的安國寺，出家當了小沙彌。

經過一番的思考，伊予局下定決心讓千菊丸成爲一名禪師。這個決定，一方面是爲了給兒子接受嚴格而完整的教育；另一方面，卻也是基於保護孩子的生命安全，才出此下策。

原來，當時幕府將軍足利義滿，蓄意根絕南朝皇系的後裔。千菊丸的母親是南朝的人，所以，孩子也流著南朝的血液。想到千菊丸未來有繼承皇位的可能，足利將軍在暗地裡脅迫伊予局，必須死了讓孩子繼承皇位的這條心。

做母親的，很快地驚覺到孩子生命的危急。要保住千菊丸的性命，唯有出家一途，好讓足利將軍明白他們確實是無意繼承皇位。

再說，安國寺是一座名刹，把千菊丸安置在那兒，還能夠讓他接受完好的教育。寺裡不但指導僧人們佛教經典，還安排中國古書、中國藝術及文學等等，課程非常豐富。因此，許多附近的農人、武士、甚至於貴族們，都把孩子送來當小沙彌。但是，他們的年紀都比千菊丸大些，從七、八歲到十一、二

歲都有。

安國寺的住持像外法師收了千菊丸爲徒弟，並爲他取了法名，叫「周建」。

此時的周建長得非常健朗，天眞、活潑的個性，再加上天生就一副敏銳的頭腦，很得師父的喜愛。

只是，有時也挺令人頭痛的。

爲了讓他的聰明才智，能朝有利的方向發展，師父用心良苦地避免太過褒獎周建的智能，盡可能採取嚴厲的管教方式。

儘管在寺裡過著極爲嚴謹的生活，周建仍舊處處顯示他的聰穎過人；有許多機智故事流傳於世，而成爲家喻戶曉的一代名師。

✼　✼　✼

五、六歲便離開家至安國寺的周建，孤伶伶地被安置在一個純然陌生的環境之中。雖然母親經常來探望他，周建仍是很寂寞的。不過，周建卻是一個非常特殊的孩子。

初到寺裡，小小的周建，便充分地顯現出他的天賦異秉來。

那是他剛加入大夥兒早上的擦地板工作時，所發生的一件事。

每天一早，大家會提一桶水來擦地板。首先，每個小沙彌都各拿著濕抹布，排成一列橫隊，翹起屁股來，從這一頭，抹向那一頭。然後，將抹布翻個面，再回頭沿原路將剛剛遺漏的部分抹乾淨。

這些，大家都做得駕輕就熟，並不怎麼困難。可是，問題就出在回到原地要洗抹布時，爭端便從這兒開始。

因爲桶子只有一個，每個小沙彌都爭先恐後地要洗自己的抹布，結果吵個不休，非但抹布沒洗到，有時還會在搶奪中打翻了水桶，把走廊弄得濕淋淋的。

「喝！安靜！安靜！」

每天都得勞駕師父出來叱喝。打從師父來到這個寺裡，十年來，都無法改變這種吵雜的紛爭。

就在周建加入他們的掃除行列後，第一天，情況就改觀了。

由於周建的出生背景，再加上年紀比其他孩子都要小，像外法師特別留意周建的一舉一動，好觀察他是否能適應寺裡的生活。

這一天一早，師父特地躲在門後，靜觀周建如何參與他平生第一回的抹地板工作。

這一瞧，可眞不得了，瞧出個意外！

起初，周建聽從較年長的小前輩指示，按著分配到的抹布向前推進，然後把抹布翻了個面，再推回另一頭。

周建比大家慢了一些才折返，那時已經有六、七個前輩，開始了例行的爭執。

「我先！」

「是我先來的！」

「……。」

周建一個人拎著抹布站在後頭，看著前輩們爭先恐後地，想把自己的髒抹布先伸進一個小小的水桶裡去洗。

「喂！師兄們！」

突然，周建用他稚嫩但宏亮的童音一叫，因為語氣非常篤定，大家不禁都轉過頭來。

「這樣是不行的！」周建說。

「什麼？新來的！什麼不行啊？」到寺裡已經三年的十一歲小沙彌很不服氣地說。

「就算大家和和氣氣地，也不可能同時把抹布都伸進桶子裡去啊！何況這麼吵來吵去的？」

說的也是，這麼淺顯的道理，被輕輕一點醒，大夥兒不禁你看我、我看你，面面相覷，一時不知如何回答。

「那麼，該怎麼辦呢？」一個來了有三年的九歲沙彌開口問。

「那很簡單，只要一個人擔任洗抹布的工作，不就得了？」周建毫不遲疑地答道。

「嗯……。」

大家都一起認眞地思索起來。其中，有些人點了點頭，頗爲贊同。不過，有一個去年才來的八歲小童，手指甲上還殘留著嚴重凍瘡的痕跡，噘起嘴抗議：「可是，只有一個人在那麼冷的水裡洗抹布，是不公平的。釋迦牟尼佛不是曾經說過嗎？人跟所有的衆生都是平等的，不管是苦或是樂——」

「是嘛！只叫一個人洗抹布，太奇怪了！」

連方才點頭附和的小沙彌們，也跟著責怪起來。

周建連忙表示：「那又有什麼問題呢？每天換一個人，大家輪流做，不就行了！」

於是，每天例行的「洗抹布之戰」，居然被一個剛來的五、六歲鬼靈精給一下改革成功了。

「那麼，今天就由我先開始洗好了！」

最年長的十一歲小沙彌，自動地擔任起第一天的輪班工作，其他人則一個

接著一個，拿走洗好的抹布，輪番上陣去擦地板。

之後，再也沒有爭先恐後的情況發生。周建的聰明才智，加上他的說服力，以及令人打心底情願服從的領眾能力，像外法師看在眼裡，非常折服，對周建的教育方向，也就格外嚴密、謹慎了。

04 毒藥

師父的擔憂，也是有道理的。像周建這麼聰明的孩子，若不嚴加管教、多予關注，很可能將來成爲一個空有一副聰穎慧黠的腦袋，卻憤世嫉俗、難以駕馭且缺乏智慧的人。

「太聰明了，也是傷腦筋啊！」

小小的周建，雖然體會得出師父這句話裡對自己所抱持的隱憂，可是，卻阻止不了日益發達的思考力。

平時，師父偶爾會悄悄地取出一個神祕的瓦罐子來，一個人默默地享用裡頭的食物。那是一種膏狀、像麥芽糖類的東西。

「師父！那是什麼？」

這一天，師父又背著大家偷嘗罐子裡的東西，卻冷不防被周建給撞著了。

「噢，這個？這是藥啊！」師父這麼解釋：「對大人來說，這是藥，可是對小孩卻有毒，吃了會死人的，所以千萬別去碰它喲！」

「嗯！」

周建率眞地回答，一副完全明白的模樣兒。

可是有一天，當師父有事外出時，周建忍不住想探個究竟。找來找去，終於被他發現到藏罐子的棚架。

周建找來一把凳子，好不容易攀上了架子，一個不小心，罐子掉在地上給打翻了。

頑皮的周建，這時嚇壞了，眼看那罐膏狀的「毒藥」已流了出來，周建很自然地挖了一撮，往嘴裡一送，「咦？好甜！」

周建從來沒嘗過這麼好吃的東西，他叫來了其他的孩子們，大家你一口、我一口地，一下子就把整瓶的麥芽糖給舔個精光！

不錯！那的確是又香又甜，不折不扣的麥芽糖！

孩子們吃完了才如夢初醒似地，想起了那是師父所珍藏的東西，不知該如何是好？

「怎麼辦啊？」

「該怎麼辦呢？」

想到不知該如何向師父交代，大家不禁煩惱起來。

「沒問題，包在我身上！」

周建胸有成竹地回答，然後就當著大家的面，捧起罐子來，朝地上一摔，把它給摔破了。

「你怎麼搞的，這一下怎麼得了啊！」

孩子們一個個面色鐵青，吃了師父的麥芽糖，已經很不應該了，又……。

「別擔心，不會有事的！」

周建一副若無其事似地，直到看見師父回來，不等師父進門，便嚎啕大哭起來。

「怎麼了？」

師父走過來，看到小沙彌們只是不知所措地聚在一塊兒，又看到摔破一地的瓦罐子，便追問周建爲什麼哭。

「師父，原諒我……，我要拿架子上的東西，不……不……不小心打翻了師父……您的藥罐……子……。」

周建哭哭啼啼地，總算把要說的話說完了。他說，自己知道闖下了大禍，決定一死來補償這個罪過，便吃了一些小孩子吃了會死的「毒藥」，可是藥很甜，又吃不死，不知不覺便吃光了。

師父聽了，也只能苦笑地安慰他：「好了，好了！只是一點過錯，師父原諒你！」

這件事，就這樣圓滿地收了場。可是像外法師內心更審慎了，知道以後和周建對應，得加倍小心才是！

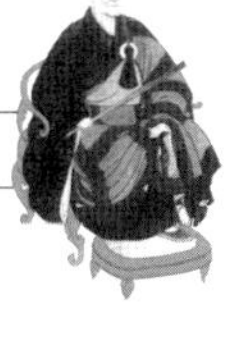

05

伏虎記

安國寺是足利尊氏、直義❶兩兄弟，爲了弔祭在「南北朝之役」中，勇敢戰死的烈士們，於西元一三四五年所創建的。

當時，足利尊氏聽從了臨濟宗的高僧——疏石禪師的建議，在日本六十多個州，設置了這種祈求國泰民安的寺院。

足利尊氏便是南北朝分裂前，西元一三三六年，奉南朝天皇之命，在京都建立「室町幕府」的幕府將軍。

「幕府」是舊時將帥辦事的總司令部。日本的「將軍」制度，在西元一八六七年廢止之前，可以說是陸軍世襲的統帥。

足利尊氏於西元一三六八年讓位給足利義滿。足利義滿在千菊丸，也就是周建出生的那一年（西元一三九四年），由兒子足利義持出任幕府將軍後，便剃度出了家。

其實，像外法師的憂心，是另有原因的。周建的母親伊予局——照子偶爾會來寺中探望愛子，爲了孩子的前途，經常與法師有所聯繫。

師父非但很關心這對母子，也頗能體會他們的立場。所以，他擔心這孩子

若是鋒芒太露，恐怕會惹上殺身之禍。

果然，周建的許多機智故事，被一一傳了開來，一傳十、十傳百地，不久，便傳到了前任幕府將軍——足利義滿耳朵裡來。

足利義滿對周建充滿了好奇，便差人來到安國寺，令像外法師帶周建到當時足利義滿落腳修行的金閣寺會見。

「對方是一位偉大的前任將軍，再沒有比謁見前任將軍這件事更光榮的了。」

雖然師父這麼說，周建卻顯得出奇平淡，只是淡淡地回答：「噢！」便默默地遵從師父的指示，準備出門拜謁大人物。

這對一般人而言，可以說是一件相當榮譽的大事。可是，也許是體內留著皇室的血液，因此周建並不在乎。

足利義滿聽說周建來了，內心非常快活，想試一試這個最近大出風頭的小子，看看他是不是真的像傳說中那麼聰明。

周建毫不畏縮地隨著指引，和師父來到了一間很大的知客室❷。不久，義滿興致勃勃地帶著五、六個隨從進來。等不及周建他們禮貌性的寒暄、問候，劈頭便問：「哦！這就是那有名的小伙子周建？」

「是的，大人。」

「周建啊！你今年多大？」

「八歲。」

「是嗎？好極了。」

義滿說著，便指著牆角的屏風，問周建：「你知道嗎？周建！那隻老虎每晚都跑出來，眞傷腦筋哦！能不能想法子把牠拴起來啊？」

義滿說著，便得意地笑了起來。

周建轉過頭去，看到一只屏風，上面畫有一片竹林。一頭勇猛的老虎，從竹林間探出頭來，目光炯炯有神，畫得眞是逼眞、生動，好像眞的會跳出來一般。

像這樣的機智問答，周建碰多了。因爲經常會有人慕名而來，專程來挑戰的。這位前任將軍出的難題，似乎也沒能難倒周建。只見周建飛快地站起來，回答他：「遵命！請您借我一條牢固的繩索！」

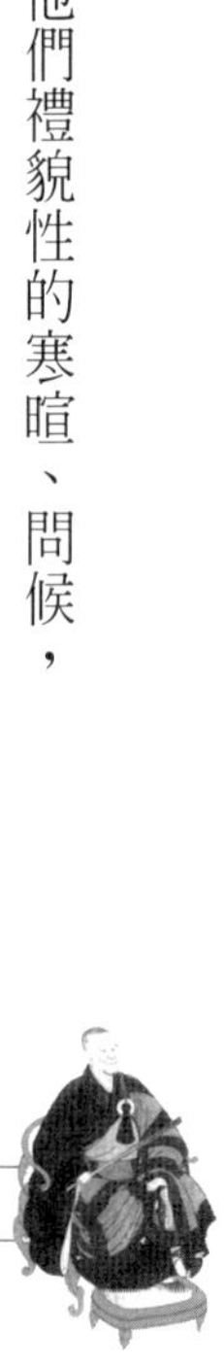

說著，便捲起袖子，擺好架勢。

大家都被他這個舉動給嚇著了。像外法師也不禁有些擔心，不知道眼前的周建要怎麼度過這個難關。可是，他仍堆起慈祥的笑容，靜觀弟子的應變能力。義滿催促僕從快快爲周建拿繩子來。

繩子一拿來，周建便用他那嬌小的雙手，煞有其事地試了幾下，看看它夠不夠牢固，然後又擺出一副隨時都可以捕捉老虎的姿勢說：「好啦！請你們哪一位，快快把那隻可惡的老虎趕出來！」

「了得！了得！」

義滿忍不住鼓掌喝采起來，並賜給周建兩塊餅吃。

「趕快吃了，別客氣！」

「謝謝您！」

恭敬不如從命，周建順從地連吃了兩塊餅。這時，義滿意猶未盡地又追問他：「哪一塊比較好吃啊？」

周建立刻拍了拍手，反問義滿：「哪一隻手的聲音比較好聽呢？」

義滿打從心底讚歎起來，這小傢伙，眞是要得！比傳說中的還要高明呢！

就這樣，周建和師父帶著許多的犒賞，平平安安地回到了安國寺。

可是，周建的母親照子聽到這樣的事似乎不怎麼高興。因爲以周建的皇子身分，是沒有必要去謁見將軍的。

幸好，義滿的整個注意力都集中在周建的機智上，這孩子聰明又伶俐，十分討人喜歡，因此並沒有橫生枝節，惹禍上身。

❖ 註釋 ❖

❶ 足利一族：日本幕府時代極有影響力的家族之一。從足利尊氏起至足利義滿、足利義持，均為左右日本政局極深的軍閥。

❷ 知客室：寺院中為訪客解答疑問、提供服務的地方。

06 名貴的茶杯

就這樣，周建平平安安地在安國寺快活地度過了他的童年。

在安國寺學習的這段期間，他還經常到嵯峨地區的寶幢寺，夾雜在數百名聽眾之間，恭聽清叟法師❶講經。當時的周建才十二歲，頗引人注目。

十三歲時，周建立志周遊各地，私下追隨建仁寺的慕哲——龍攀大師❷作詩。

周建本來就天賦優厚，再加上他不斷地鞭策自己，以「每日一詩」做爲必做的課業，所以在作詩的功力上進步神速，年紀輕輕便具備了詩人的功力。

十五歲時，他以一首七言絕句〈春衣宿花〉，成爲人人稱頌吟哦的曠世名作。

吟行客袖幾時情？開落百花天地情。
枕上香風寐耶寤，一場春夢不分明。

這首詩描述賞花後，留在枕頭上那令人回味的花香，究竟是夢？是醒？

周建一方面擁有如此風雅的詩人情操，另一方面，對社會上所顯現的矛盾和人生的無常，隨著年齡的增長，產生了許多疑問。總覺得對人世間，有一份說不上來的空虛、無奈；對佛法的修行，也開始覺得可有可無。

究竟眞正的「開悟」，是什麼樣的一個境地呢？

再看看身邊的人，好像也沒有一個是眞正開悟的。大家都避開了正題，過著得過且過的日子。

日子一天一天地過去，眼看自己就快十七歲了，周建內心不禁開始慌張起來，知道再不能像這樣虛度生命。雖然在寫詩方面，逐漸受到了世人的肯定，人人津津樂道，傳頌吟哦。可是，周建並不因此而滿足。

他相當清楚，自己跟那些爲他所唾棄的人們，差不了多少。會看不起別人，等於是看不起自己。這一點，是率直的周建所無法忍受的。

周建不斷地在「不足」之中，思索、探究人生的意義。想來想去，找不到一個明確的答案，內心的不滿與日俱增。

就在這種惶恐不安的當中，有一天，他面臨了一個事件，使他陷入深思。

寺內一個小沙彌不小心摔破了一個非常貴重的茶杯，那是當時的將軍足利義持寄放在師父那兒的名器。

「怎麼辦哪？」

「這一下糟啦！」

大家都嚇得不知如何是好，犯了這樣的大錯，將軍若怪罪下來，是非死不可了。

「不用擔心，讓我來！」

周建把摔破的杯子，藏在袖子裡去見師父。

「師父，請問有生命的東西，最後會怎麼樣呢？」

「有生必有滅。」

「那麼，有形的東西呢？」

「最後亦將破滅。」

周建點了點頭，表示聽懂了，又追問：「如果是個很重要的東西呢？」

「周建啊！你再聰明，畢竟是個小沙彌，只會想那些表面化的問題。方才

不是說過嗎？人所製造出來的東西，最後一定會破滅，無一例外。」

「爲什麼呢？」

「時間一到，該破的，就會破掉。」

「這麼說來，時間的威力，是很可怕囉？」

「一點兒也不錯。就連平時我們所談到的諸天、諸佛的威力，都無可比擬！」

周建聽了，便默默地取出破杯子，擺在師父面前。

「這……，這……。」

師父啞口無言，卻又不知如何是好。因爲這不比平時犯的小錯，可以網開一面，那是將軍所鍾愛的天下名器，不是一聲「對不起」就可以解決的！

師父的表情變了。

周建卻不聲不響地磨起了墨，然後在紙上寫下了兩行字：

高砂尾上松且凋，

試問泥坯杯何貴？

意思是說，高砂尾上這個地方，有名的常青松樹都有枯萎的一天，何況是泥土做出來的茶杯呢？

這一首詩雖然又讓肇事者逃過了一劫，可是，周建臉上卻絲毫沒有以往那種俏皮、得意的光彩，反而顯得更加低沉。

因為周建開始對自己的行為，產生了懷疑。多少年來，經常地賣弄類似這樣的機智，以難倒師父為樂。可是，這是「禪」的精神嗎？

再說，師父雖然說得出「成、住、壞、空」，好像已經了悟大道理了，可是一旦知道打破的是將軍寄放的茶杯，不也跟其他人一樣地執著了起來呢？

周建認眞地思索了起來。

該是變換環境的時候了。眼看附近的五山禪師❸們，將佛法的鑽研當作是一種出世的工具，僧人間也還講求出身的貴、賤，這種毫無意義的分別心，令周建非常地失望。

經過了一番思索之後，周建決定拜別像外法師，赴西金寺拜謙翁宗爲禪師爲師，並改名爲「宗純」，這是他十七歲（西元一四一〇年）時的事。

❖註釋❖

❶清叟法師：在寶幢寺任「藏寶」的職務，類似圖書館館長之職，擅講《維摩詰經》。他頗為器重一休，除佛經外，亦傳授其他學問。

❷龍攀大師：建仁寺的慕哲禪師，龍攀為其名。在漢詩創作有極高造詣，影響日本禪師習漢詩的風氣甚深。

❸五山：指日本臨濟宗的五座佛寺。

07

投湖

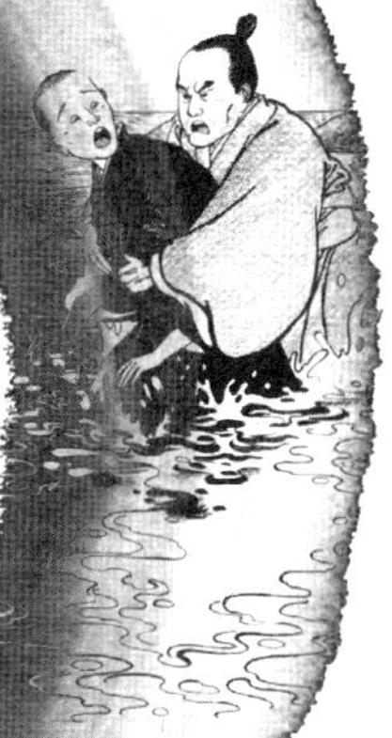

和謙翁師父相識，也有段因緣。謙翁是周建以前赴建仁寺學習漢詩時，在路上巧遇的一位高僧。那時，周建帶著同寺師弟雲知坊出門，來到賀茂川的舟橋橋頭，看到一堆人在合掌祈禱。走近一看，原來有個衣衫襤褸、不修邊幅，看起來相當寒磣的好心僧人，正在爲一對餓死的乞丐母子超度。

「那位是西金寺的謙翁法師。」

聽到師弟雲知坊這麼說，周建很想多知道一些，便問：「誰是謙翁法師呢？」

「他是臨濟宗妙心寺的第三代傳人——無因宗因禪師的門下呢！據說，無因禪師要頒發悟道證書❶給他時，他因爲謙遜而沒有接受，才被稱爲謙翁哩！」

周建聽了非常敬佩，想想當時逐漸墮落的禪界，哪一位僧人不想憑藉一紙印可證書，來證明自己的能力以出人頭地呢？

個性獨立且不屈不撓的周建，此時在修行上，已經有了一番境界。爲了能更上一層樓，他決定拜這位謙翁爲師，因爲他深深以爲，在這麼迂腐的環境

之下，能夠不爲功名利祿所動，還過得這麼自在、慈悲，那才是一位德行高超的禪師啊！

改名爲「宗純」的周建，便在謙翁的門下刻苦修行，眞正體嘗到僧人淡泊、清苦的生活。

謙翁確實是一位偉大的禪師。「禪」，是佛教裡一種統一身心的修行方法，也是很自然的生活方式。若能夠把我們的本心，融合在智慧和慈悲裡，並運用在日常生活中，也就是「禪」了。

宗純在簡陋的西金寺，很專心地追隨謙翁學習禪法。

很快地，三年過去了，宗純也二十歲了。有一天，師父告訴他：「我把所知道的全都傳授給你了，再也沒有東西可以教你。由於我自己並沒有接受師父的印證，所以也不打算發給你！」

「師父，有沒有那一張紙並不重要，倒是不知如何感謝師父的教導之恩。」

宗純很爽快地回答，絲毫無意去擁有那一張證書。顯然地，經過如此堅忍卓毅的師父調教，宗純已經成爲一名更加豪邁的人物。他打從內心尊敬這位內在豐富，又安貧樂道的師父。可是很不幸地，這位恩師不久便因病往生❷了。這是應永二十一年（西元一四一四年）的事，宗純才二十一歲。

西金寺不比安國寺，擁有幕府豐厚的供養。拒絕接受印證的謙翁禪師，非但遠離了榮華富貴，也得不到富豪人家的護持。而慈悲的謙翁，平時又不忍心接受窮人的供養，所以往生之時，留下的財富不多，使得弟子實在沒有能力爲他厚葬。

師父的死，對宗純的打擊著實太大了。平時有什麼疑問，總有師父在一旁諄諄教誨。如今，師父一句話也沒交代就走，宗純頓覺失去生命的依靠。

面對師父的往生，宗純深深地體會到人生的無常❸，世間的一切事物都不能長久，悲慟的宗純強忍著哀傷，獨自爲師父誦完了經，便和一些虔誠的信徒們，恭敬地爲亡師辦理了簡單而莊嚴的葬禮。

不久，宗純到清水觀音寺朝拜之後，就回到俗家探望母親，住沒幾天又動身到大津。他把自己關閉在石山寺的觀音殿裡，整整七天之久，一心一意地祈

求觀世音菩薩的加被，爲自己往後該何去何從，指點迷津。可是，卻絲毫沒能拭去他胸中那種頓失依靠的寂寥感。

謙翁禪師往生後將近一個月，宗純想到師父生前對塵世毫無所求，而自己從今以後，該以什麼爲生存的目標？種種的不安、徬徨吞噬著他。想來想去，竟找不出一個明確的答案，宗純絕望到了極點。

突然，他產生了尋死的念頭。

一個月來，不眠不休地推敲人生的眞諦，聚精會神到食不下嚥的宗純，這時已經瘦得不成人形。有天，宗純精神不振地拖著一副虛脫的身子，來到了琵琶湖畔。

「好吧！乾脆什麼都不要了！如果死得了，就讓我死吧！」

宗純心想，我就是有太多的眷戀、太多的執著，才不會成器！

「必須要捨啊！」

可是，成天只想著「捨」與「不捨」，根本想不出一個究竟！乾脆什麼都不要了！宗純一不作、二不休，正要投湖時，卻被一個強壯的男人抱住了。

「少爺！」

宗純轉頭怒目一瞪，發現對方不是別人，正是母親身旁的僕人七兵衛。

「七兵衛……。」

「少爺！回家吧！夫人很擔心您啊！」

「……。」

「如果少爺有什麼三長兩短的話，夫人該怎麼活下去啊！」

七兵衛一把鼻涕、一把眼淚地勸宗純。

原來，母親照子看到宗純成天魂不守舍地，回家沒兩天，也不多說話，匆匆又出門，心知有異，怕他會有什麼三長兩短，特地差遣七兵衛沿路跟蹤觀察。

宗純想到孤苦的母親，既羞愧又悲哀，也跟著放聲痛哭。

「我要活下去！我一定要堅強地活下去！」

像是重生了一般，宗純忽然湧起了一股求生的意志，信心百倍地往俗家的路走去。

照子看到愛子平安歸來，內心非常地欣慰。可是，對於宗純蓄意了斷生命

的事，並沒有忘了曉以大義：「你一向聰明過人，怎麼這次卻這麼糊塗呢？」

「……。」宗純無言以對。

「聽七兵衛說，你在石山寺的觀音殿閉關深思了七天，卻悟不出道理來，想投琵琶湖自盡？」

「母親……。」

「如果七天沒辦法悟出道理，你大可以再花上七天，或一個月、二個月，甚至一年、二年，或更久的時間，不是嗎？」

「你看看古聖先賢，誰不是歷盡滄桑，才有成功的一天？釋迦牟尼佛在森林中經過了多少的苦難、折磨，才在菩提樹下開悟？」

「還有，菩提達摩不也面壁了九年，才悟出大道理？你那區區七天，可能會有什麼奇蹟出現呢？」

「請你深思吧！一旦入了佛門，就是要一心一意朝佛法精進、用功啊！怎麼可以為一點挫折，就前功盡棄了呢？」

宗純此時已非常明白自己的不是，「自殺」並不是解決問題的辦法，一了百了也悟不出眞理來。再說，「毀身」也著實是最不孝的行爲。一個人如果連最基本的孝道都做不到，還談什麼開悟呢？

「母親，我知道錯了！我一定會牢記您的教訓，繼續努力用功，否則無臉見您！」

宗純拜別了母親，又踏上了他的尋師之路。

❖註釋❖

❶悟道證書：即證明出家人已開悟的一紙證書。

❷往生：佛教稱死亡為往生，相信生命結束後，精神意識會轉往他方世界投生。

❸無常：宇宙萬物沒有永恆不變的，一切皆隨著因緣而流轉。

08

一休禪師

宗純參訪名師的心願，也沒有那麼順遂。

好不容易，宗純又打聽到一位值得學習的師父——位於琵琶湖西側，堅田地區的禪興庵住持華叟禪師。但找到禪興庵，卻吃了個閉門羹。

宗純並不氣餒。一度連生命都不足惜了，如今重獲新生，對人生的探究更是充滿了新希望，再也沒有什麼困難可以擊倒他了。

懷著達摩面壁九年的心境，宗純在禪興庵門前跪禱等待。這是西元一四一五年初春的事，當時宗純二十二歲。

堅田地區的早春，出奇地寒冷。冷風颼颼刮起琵琶湖陣陣漣漪，也刮得宗純寒凍徹骨。但是，他依然堅定不移地白天跪坐門前，夜宿小舟，不達目的，絕不罷休。

「走啦！走啦！師父是不會再收門徒的啦！」

華叟的徒弟不只一次不懷好意地趕他，卻也沒有能夠趕跑宗純的決心。

聽說華叟律己頗嚴，對弟子們更是嚴格、不容懈怠。在禪興庵，不論是誰，莫不是過著清貧的生活。食物沒有了，也沒有托缽的習慣，更別求什麼奢侈的享受了。

對於不守戒律的弟子，華叟更是毫不通融。有許多徒弟因爲熬不過這麼嚴苛而艱困的生活，都紛紛離寺而去。可是，華叟也不改初衷，堅持一貫的嚴厲作風。

宗純對這樣的道風十分欽佩，雖然在謙翁門下，過的也是清寒的生活，可是謙翁待人較圓柔，華叟卻是剛烈、嚴峻的。

師事謙翁的那一段日子，他確實學到不少，也體會到貧苦眾生的生活情況。如今，他所景仰的謙翁已逝，極需更大的磨練來成就自己。

於是，愈挫愈勇的宗純本性又復甦了。

這樣過了四、五天，有一天早上，華叟帶了幾個弟子正要外出，走出寺門一看，那個頑固的年輕人還坐在那兒，便很不悅地說：「不是叫他走了嗎？怎麼還在這兒？」

華叟又命令弟子：「潑一盆水趕他走！」

被潑得一身濕淋淋的宗純，仍像石頭一般地動也不動。

等下午華叟回寺時，看到宗純仍跪坐原地，深知這位青年僧必成大器，才又下令：「就讓他進來吧！」

好不容易通過了考驗，宗純被准許入門，拜華叟爲師。

三年過去了，宗純在禪興庵的修行生涯，不是普通人可以熬得過的。

每天有一餐、沒一餐的，穿的衣服也不夠溫暖。

在飢寒交迫的嚴冬，不得不借宿漁人的小舟，把鋪在船底的草蓆，拿來當被子蓋。

有些善心的漁夫，會供養他一些食物，可是小心眼的漁夫妻子們卻容不下他，故意敲著鍋子，妨害他的睡眠。

宗純他們還兼做香包和京都娃娃的彩繪手工，賺取微薄的工資用來購買紙筆寫經。

一直到宗純二十五歲的時候（西元一四一八年），因緣漸漸成熟了，影響宗純一生的關鍵時刻終於到來。一分耕耘、一分收穫，平時無怨無悔的律己苦修，快要有成果了。

＊　＊　＊

有一天黃昏，宗純聽到一段盲女悲切的歌聲，伴隨琵琶哀怨的曲調，傾吐祇王失寵的場面，感觸頗深。這首歌是出自《平家物語》裡的一段故事，描述約在西元一一六六至一一六九年間，正當平清盛當上了太政大臣，平氏一族享盡榮華富貴時，有一對白拍子（歌舞藝人）姊妹，舞藝超群、美豔絕倫，風靡世人。

姊姊祇王十九歲、妹妹祇女十七歲，兩人都是絕世的美女，祇王順理成章地受寵於聞人權貴平清盛，妹妹祇女也跟著被捧出了屹立不搖的地位來。

三年過去了，有一天，遠從加賀地區（石川縣）來了另一個名叫「佛」的白拍子。十六歲的佛，不遠千里而來，爲的只是請求平清盛看一段自己的舞藝。可是，任憑佛怎麼哀求，平清盛也無意賞這個臉。

祇王心地善良，不忍心讓佛失望回去，便勸平氏：「人家老遠地來，就這樣被趕回去，太可憐了吧？您就見見她吧！」

沒想到，平清盛這一見，被佛的美色所吸引而移情別戀了。失寵的祇王，絕望地帶著二十歲的祇女和四十歲的母親，歸隱嵯峨縣的深山，三人同時落髮爲尼，以彌陀本願爲修行的依據，潛心向佛。她們修行的寺院，就叫作「往生院」。

另一方面，那個橫刀奪愛的佛，在平清盛的寵愛之下，卻也漸漸地感受到良心的不安，想到自己寡情地傷害到好意的祇王，是多麼地罪過啊！又想到有朝一日，也難免步上祇王的後塵，失寵於平氏。於是她洗淨鉛華，赴「往生院」懇求祇王的寬恕。祇王接受她的懺悔，並允許她在往生院削髮共修。據說，最後她們都在這個往生院先後往生。

而那位盲女所彈唱的，正是祇王失寵、離開平宅前，在紙門上落淚揮灑的一首詩：

榮枯皆為路邊草，
怎奈何熬得秋殘？

聽到這一段淒涼的樂音，宗純聯想到母親坎坷的命運，突然體會到當時身懷自己的母親，是抱著什麼樣的心情，被迫離開了宮廷。淚水不聽指揮地落了下來，宗純忍不住傷心地痛哭了一場，哭著哭著，他突然明白了過來。

他明白了人生的因緣際會，也體悟到一切終究都會逝去，一味地怨懟人世間的薄倖、寡情，並不是解脫之道。榮枯之間，就像春秋的交替，與其怨嘆已逝去的，何不好好珍惜眼前的一切。在有生之年修得菩提正果，才是人生的解脫之道啊！祇王悲歌的觸機，不但協助宗純跨越長年無法衝破的難關，也讓他參透了師父提示的公案「洞山三頓」。

公案，本義原指官府中判決是非的案例。後來禪宗將禪師的言行記錄下來，做爲修行練心的一種指引，也做爲一種思考的對象。這種言行錄具有深刻的禪機，可供禪修者參究，啓發思想，供人研究，所以也稱爲公案。

「洞山三頓」是南宋無門慧開禪師所撰的禪書《無門關》中的第十五則（全書共有八十四則）。故事描述唐朝末年的洞山禪師在行腳各地之後，千里迢迢地來到了韶州（今廣東）的雲門寺，拜謁雲門禪師時，雲門禪師問他：

「從何處來？」

「查渡。」

「夏天在何處？」

「在湖南報慈寺。」

「何時離開那兒？」

「八月二十五。」

洞山一五一十地回答，卻招來雲門禪師大喝：

「饒你三頓棒。」

意思是說，本想打你三頓，怕沾污了棒子，就饒了你吧！「一頓」指的是二十棒，三頓便有六十棒，雲門意下是想將洞山痛打一番。當夜，洞山回禪房思忖究竟犯了什麼錯，卻是百思不得其解。好不容易捱到天亮，又參見雲門禪師，恭敬地問：

「昨天承蒙和尚放三頓棒，但不知過在何處？」

「你這飯袋子！一下江西、一下湖南，東跑跑、西跑跑，亂闖僧堂，還看不清自己的腳步?」

洞山豁然開朗，悟出回歸本心之道，即刻拜師雲門，日後還成了雲門寺的法嗣。

華叟令宗純解這一門公案，看看洞山爲何頓悟?宗純一直無從理解，這個問題長久以來在他的腦子裡盤旋，占據他的心。沒想到，乍看之下毫不相干的哀豔悲歌，在盲女琵琶的伴唱之下，竟帶來一線曙光。

可不是嗎?洞山徘徊各地的迷惘狀況，和白拍子們爲了追求現世的名利而爭寵的場面又有何異?而人生無常，瞬息萬變，眼前的榮華富貴，又有什麼意義?

而雲門所問的「從何處來」，無非指的是禪修者的修行進境，問洞山悟道的境界，並不是俗人所指的地理位置。另外，祇王最後看破紅塵削髮爲尼，與洞山拜雲門潛修，也有異曲同工之妙。

宗純終於想通了，原來人生在世，只不過是前一生邁向下一生的一個休息站。

既然這一生只是短暫的休息，也就不必在意刮風或下雨了，堅強地熬過去

一休

吧！

宗純爲此題了一首詩：

有漏一歇無漏地，
刮風下雨有何懼？

「漏」，指的是煩惱。人生不過是從煩惱的世界，到清淨無憂的「無漏地」的短暫歇腳處。那麼，一切逆境又有什麼好怕的呢？

華叟禪師看了這一首詩，知道時候到了，滿意地點了點頭，並寫下「一休」二字說：「嗯，你以後就叫一休好了！」

從此，宗純便擁有「一休」的法號。那是在西元一四一八年，二十五歲時。一直到一四八一年，八十八歲入滅至今，人們都恭稱他爲「一休禪師」。

09
狂僧

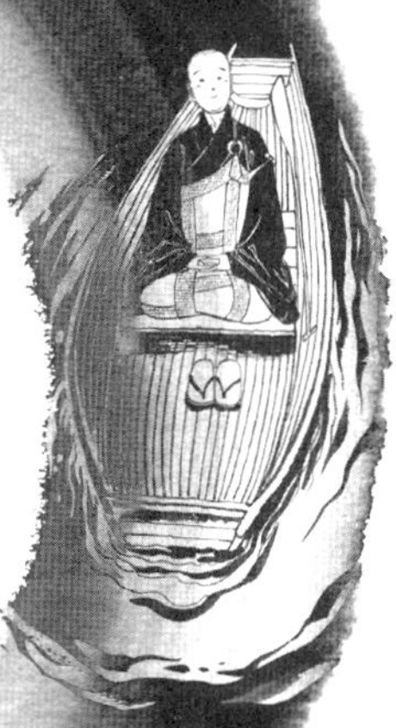

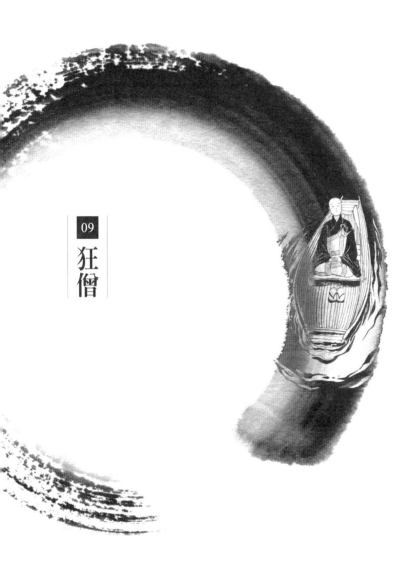

開悟後的一休，秉著他一貫的作風，很自然地把宇宙的眞理，從內心表露出來。他堅信，「眞心」才是法，修行不應該捨本逐末，只是做一些表面工夫。一休的這種體悟，正是大徹大悟的前奏。

兩年後（西元一四二〇年）的一個夏夜裡，他悄然划船前往琵琶湖，試圖擺脫一切干擾，專心一意地參禪。

午夜時分，小船在湖面蕩漾，四周一片寧靜。當時隨波蕩漾的小舟與禪坐中忘我的一休已達融合一體的境界。

突然間，一陣烏鴉叫聲，將他從禪定中驚起，他頓然感到身心脫落，豁然開悟了。

他返回寺中，向師父華叟敘述這段經驗，卻遭到華叟不屑地反駁，很冷漠對他說：「這是羅漢的境界，不是作家❶的境界。」

「如果這就是羅漢的境界也很好，不勉強求做作家。」一休自在地回答。

這時，華叟露出了笑容，說：「這個心就是作家的心境，你成了眞正的作

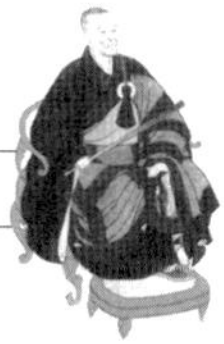

家。」

在這兒，羅漢是指完全斷了煩惱的人，在修行上是很高的境界了。而禪宗所謂的「作家」，是指大徹大悟的人，不只是自己完全斷了煩惱，更是能幫助他人了悟眞理，比羅漢的境界更高。

經過這番對話，華叟認可了一休的徹悟，一休也寫下了一首詩偈：

十年以前識情心，瞋恚豪情在即今。
鴉笑出塵羅漢果，昭陽日影玉顏吟。

開悟後的一休，不但驅散了他對五山的瞋怒之情，也解除了他對父親虧待母親所剩的餘恨。

華叟在一休二十五歲，寫下「一休」兩大字給一休爲號時，便認定了將來嗣法門人非他莫屬。

這時他把印可證書交給一休，那是大德寺住持言外宗忠親授華叟的傳法證

明。可是，一休無意被任何形式所束縛，更不想靠一張薄薄的紙來證明自己的資格或修行的境界。所以，他毫不遲疑地當下婉拒了師父的厚愛。

可是，對這個弟子的愛護及肯定，使得華叟並未死心。他私下委託女弟子宗橘夫人保管印可證書，並囑咐她在自己死後，要找適當的時機，將之視爲自己的遺言交給一休。後來，這一張印可證書被收放在源宰相府邸。

華叟禪師圓寂後十年，也是一休四十四歲時（西元一四三七年），於借宿源宅時發現了這張印可證明書。他見到師父的手跡，感到非常懷念，但是對開悟證明書的看法卻始終不變，毫不遲疑地撕碎這張證書並隨手拋棄。他的弟子卻又偷偷地撿起來，一片片地黏貼起來藏著。

十一年後，一休又到源宰相府的賣扇庵掛單，突然想起印可證書的事，追問之下，找出當場燒毀。一休以爲，末法亂世，僞僧充斥，他們往往憑著一紙證書四處吹噓，走向墮落之途。印可證書只會讓僞僧氾濫罷了。

一休禪師以爲祈福增慧，要知道門徑；參禪入佛，也要明白機要。一切都要從「用心」下手，好好照顧自己的心，才能生出萬法來。

他率直、喜好打抱不平的個性，使得他無法姑息當時禪界的那股歪風。一遇機會，便憑著他的機智，或以拿手的詩，毫不客氣地大肆抨擊一番。

一休的特立獨行，使他被烙上了「狂僧」的代號。

其實，一休並非刻意標新立異，而是面對當時頹敗的風氣，淫靡、阿諛、排擠等惡行跋扈的世局，連佛教界都跟著隨波逐流，忘卻了探究人生眞諦的意義，便毫不退縮地挺身而出，用他的智慧與超乎常人的魄力，去提醒一些醉生夢死的人們。

爲了這種發自內心的使命感，使得他走出了恩師謙翁和華叟的「苦行禪」❷，而決定進入「急進禪」❸的境地。一休在二十八、九歲時，便離開華叟，獨立展開他的教化生涯。

❖註釋❖

❶作家：禪宗的修行者在開悟後，往往以詩偈來闡示悟境，故稱開了悟的禪師為作家。

❷苦行禪：一種嚴格自律，以實踐力行為目標的禪門修練方法。

❸急進禪：即所謂一休禪。謂一休禪師以其獨特而急進的方式教化大眾。

10 僧衣吃飯

一向不重視外觀、虛名的一休禪師，這一天，不顧師父的交代，照例布衣草履地代替忙碌的師父，趕赴中京，參加一戶大富人家舉行的法會。臨行前，師父華叟的女弟子宗橘夫人還特地遵照師父的囑咐，爲一休備妥了一襲新袈裟。

可是，一休只是帶著它們，衣衫襤褸地來到施主家。

「喂！這兒沒你的事兒，出去！出去！」

打掃庭院的僕人，看到一身破舊的一休，急忙地想趕他走。

「聽說今天這兒有法會，我來念經的。」

「就算有法會，也跟乞丐和尚不相干，快走！」僕人舉起了掃帚揮趕。

「說什麼也不能進去？」一休試探地問。

「不行！不行！」僕人不耐煩地喊道。

「那也沒辦法囉！」

一休識趣地轉身離開，一走出大門，他立刻掏出宗橘夫人爲他準備的新衣，套在破舊不堪的僧服上，然後衣著光鮮、氣派十足地又來到方才的富豪

門前。

「啊！師父來了……，師父來了……！」剛剛怒氣沖沖的僕人，這一刻卻卑躬逢迎起來。

主人聞聲，迅速地出來恭迎師父：「一休禪師，承蒙師父不惜遠道而來，請！」

瞧那僕人竟然尊敬地就地行跪敬禮，一休走過他身旁時，故意敲一下他的頭，他更惶恐地以額貼地，絲毫不敢失禮。

一休被恭請上座誦經，並盛饌招待用齋。主人以爲能請到華叟大師的嗣法名僧來爲先人誦經，必是祖上有德，要好好供養才是最大的功德。

於是，下人們進進出出，端來了一道又一道豐盛的佳餚。可是，一休並不沾箸，只是脫下僧袍，默默地坐著。

「師父，是不是寒舍的粗饌，不合您的口味呢？」

主人不知所措，一休並不回答，依舊閉目靜坐。這一來，主人可慌了。

「有什麼吩咐？懇請師父指示！」

「師父……。」

許久，一休才張開眼睛，悠悠地說：「哪兒的話，是僧衣在吃飯哪！」

「僧衣吃飯？」

「是啊！剛剛我一身破爛，被你的僕人驅出門外。現在施主佳餚盛待，全歸功於這件新的袈裟，所以我請僧衣吃飯啊！」

主人趕忙行禮認錯，重新請一休上座用齋。這便是有名的「僧衣吃飯」的故事。

其實，自在的一休，並不是有意叛逆。他只是認爲，師父平時在禪興庵長年告誡弟子要布衣粗食，可是在俗人的法會面前，卻在意起場面、衣著來，那樣不是挺愚癡的嗎？

一休不顧師父交代，布衣赴會，有幾個前因。那是在一四二二年、二十九歲時，一休和其他的師兄弟們伴隨師父出席大德寺內的如意庵，爲祖師言外宗忠所設的三十三回忌齋，舉眾皆正式服裝列席，唯獨一休布衣草履依舊，華叟

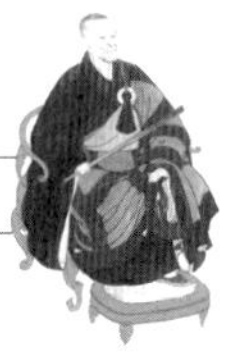

看了，忍不住數落他：「你怎麼毫無威儀？」

一休笑了一笑，回答師父：「我是襯托大家的華服啊！」

師父明白一休厭惡虛有其表的僞僧，認爲僞僧著法衣炫耀招搖，就像是給牛盛裝一般滑稽。所以，一休布衣到底，從不妥協，做爲對那些騙人的僞僧一種無言的抗議。

11 冰釋

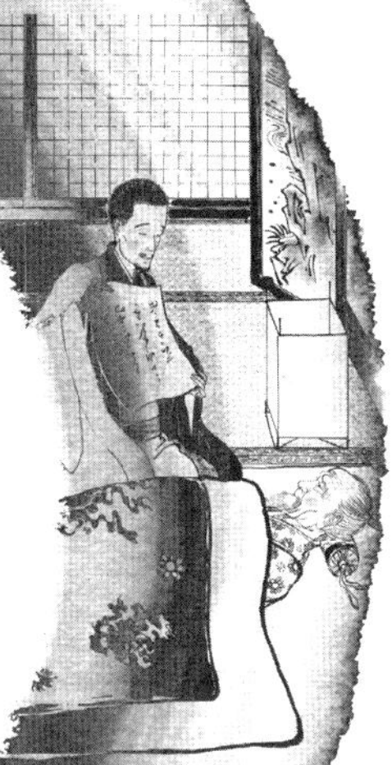

一休幼時曾經追問過母親，爲什麼自己不像別的孩子一樣，擁有一個父親？因而得知身世的祕密。沉重的包袱，不可抗的命運捉狎，難免在幼小的心靈上烙下了苦痛的傷痕。雖然母親很認命地告訴他，她並不怪他父親，因爲後小松天皇很愛她，一切都是不得已的。堅強的一休也咬緊牙關，勇敢地承受這種苦楚。

但是，不管內情如何，他們母子被無情地逐出宮外，是不爭的事實。因此，一休從來無意也不願主動去見生父。

後小松天皇在一休十九歲時，把皇位讓給了皇子稱光天皇，被尊稱爲上皇後小松院。

一四二七年，當一休三十四歲時，後小松院以恭請一休宗純法師開示的名義，召見一休。這時的一休，在謙翁、華叟兩位嚴師的峻禪調教之下，已經悟得了人生的解脫之道，而開始過著他特有、自在、遊化人間的禪境生涯。

一休秉著練達的平常心，欣然赴約。後小松院對一休的成就時有所聞，內心非常地欣慰，但是也難免心生愧疚，不敢以父子相稱。一休入宮，與後小松院侃侃而談，談人生的眞諦、談佛法禪境。後小松院滿意極了，之後一有什麼問題，常召喚他到上皇殿作開示。

「宗純啊！稱光天皇病重，恐怕時日不多了。依您看，我應該選誰當後繼者呢？」

有一天，上皇憂心忡忡地找一休商談繼位的問題。原來稱光天皇在位十六年，體弱多病，膝下猶虛，御醫束手無策，請上皇隨時有所準備。

當時，持明院統（北朝）系統，有荻原、伏見兩家，大覺寺統（南朝）則有常盤木及木寺，共四宮家，都各有皇子。照理說，該由這四個宮家當中找出繼位的人選來。可是，南北朝統一不過三十五年，爲了顧及朝廷內部的和諧及足利幕府和皇室間微妙的關係，令上皇傷透了腦筋。

一休聽了，毫不加思索地推舉伏見宮家的彥仁王。

「這是天命曆數，請不要在意旁人同意與否，勿躊躇，時不可失！」

一休果斷進言，並爲此題了一首和歌：

摘捨常盤木、木寺之梢吧！
繼世之竹的園圃，在伏見！

彥仁王並不是後小松院的兒子，而是外甥。上皇還有其他親生兒子，但是他依從一休的意見，立即收彥仁王爲養子，不久稱光天皇往生，便順理成章繼承了皇位，稱爲後花園天皇。一休親筆題下的上述和歌，據說至今仍供奉在伏見宮家，成爲傳家之寶。而後花園天皇和他的後嗣後土御門天皇，以及稱光天皇，都先後皈依一休禪師，意義深遠。

一休的母親，也爲父子倆雖然沒有相認，卻能相處融洽，感到很欣慰。這麼多年以來的平靜生活，令她深諳佛理，有相當的悟境。母子都認爲不管生在何處、不問貴賤，都一樣是人，也就不去計較或憎恨昔日的一切了。

有一次，後小松院要一休爲他在空谷、性海兩位當代名僧當中擇一爲帝師。

「依我看，空谷遠在性海之上，因爲性海學問味濃，而空谷已是名利兩

空。」一休回答。

後小松院便依照一休的判斷，推崇空谷爲帝師，並諭賜「佛日常光禪師」名號。

一四三三年，一休四十歲時，後小松院已是病衰老邁，知道自己爲時不多了，便召喚一休入宮。

一休悄悄地入宮探病，來到上皇病榻前，上皇告訴他：「宗純啊！何不告訴我一些禪奧呢？」

一休知道時候將到，便題下一首偈：

柳望春山似主恩，國香花業滿乾坤，
一莖露摧姿瀟灑，楚國詞人芳草魂。

意思是說，您雖然表示生命就要結束了，可是想到主恩，就像是仰望青山一般，飄逸著高貴的蘭香。把那瀟灑的英姿，託付詩魂吧！一休希望藉著詩

歌，告訴上皇，清淨世界本是大千世界，不問生與死，都會永遠活在大千世界之中，他告訴上皇，這便是佛法和禪法的極致。

後小松院聽了，對於死亡不再覺得恐懼，感激之餘，命侍臣拿了許多北朝的傳家寶墨，交給一休當遺物珍藏。不久，上皇駕崩，一向生活恬淡、毫無物欲的一休，卻把上皇臨終交給他的遺物，存放在一個小小葛籠裡，不曾離身。

12 深入民間

一休的禪，自在、毫無拘束。慈悲爲懷的一休，對封建的階級意識，不但一點都不擺在心上，對僧俗應保持距離的說法更毫不在意。

沒有分別心的一休，不時地用他獨特且充滿趣味性的方式，深入民間，關心市井小民的身心狀況，使得社會上的各階層都有機會互相交流。

他在京都附近的大街小巷，自由自在地遊蕩。

一休禪師並不是漫無目的地閒蕩。他運用豪放不羈的個性，巧妙地遊化人間。

永享七年（西元一四三五年），一休已四十二歲了。有一天，他照例衣衫襤褸、不修邊幅地走在街上，唯一不同於平常的，是居然在腰身插上一把帶鞘的武士刀。這天的狂僧一休，像武士一般大搖大擺地走著。

來往的人們看了都嚇了一跳，以爲發生了什麼事，紛紛圍攏過來看熱鬧。

「師父，爲什麼帶劍呢？」

一個認識一休的人，鼓起勇氣問他。

「劍不是用來砍人的嗎？一個出家人，爲什麼需要劍呢？」

「是啊！是啊！」

大家不禁七嘴八舌地討論起來。

「咻……。」

一休一語不發地拔出了劍。

眾人先是一楞，可是仔細一瞧，居然只是一把仿製的木劍，不覺呵呵地笑了起來。

「這就對了。一把木劍，既不能殺人，也無法自衛。看看時下的僞僧，氣派十足，其實內裡只不過像這把無用的木劍。他們平時看起來煞有其事，需要時既無能力自保，又哪談得上救人呢？」

一休巧妙地爲眾人上了一課。

表裡如一的一休，實在看不慣披了僧衣，卻只會說大話，不能眞正體恤民心的僞僧。

這則故事非常有名，一直到今日，日本薪村的酬恩庵，以及大德寺的眞珠庵等各處的禪堂，都能看到一休盤坐說法，座旁擺著一把帶鞘的劍，威武莊嚴

的繪像。朱紅的刀鞘非常地顯眼，通常會題上一首一休自作的贊偈。比較常見的，是：

吹毛三尺，

撥動煙塵。

意思是，想藉著這把長三尺、動一刀砍斷吹來細毛的利劍，來掃蕩俗惡、有如煙塵的僞僧。

一休也題詩隱諷某些虛僞的出家人，嘴巴上不斷地勸人們布施、少欲，卻將人們誠意施捨的十方財，飽入私囊，納爲己有。

＊　＊　＊

很明顯的，一休對這些自欺欺人、庸俗醜陋的僞僧作爲，根本無法忍受，也毫不客氣地抨擊他們。

儘管一休禪師以特立獨行的風格，及機智幽默的風評聲名遠播，誠實的一休並不希望信徒們，把自己捧得太過於神格化。

然而廣受人們尊敬與愛戴的一休禪師，卻漸漸地被美化成一位功力高強、無所不能的菩薩化身。種種玄祕、不實的傳說，在坊間流傳開來。

其中，有一則最爲人傳誦的是，只要是一休吃過的魚，都可以復活。

「一休師父是位活佛！師父如果把吃下的魚吐到水裡，魚就會再活過來！」

這種神話，終於傳到一休耳裡。

起先，一休不以爲意，認爲應該不會有人聽信這麼荒謬的鬼話。

可是，迷信的眾生，卻是一窩蜂地爭相走告。

以一休耿直、不喜歡虛假的本性，絕不容許這樣的怪事來誤導信徒對眞相的理解。

在當時有些分明是毫無意義的事，卻偏偏蠱惑迷惘人，誤導他們該做什麼

法、付多少銀兩，才能平安。對於明明是血肉之軀，卻硬要擺出一副活佛的模樣來迷惑眾生的僞僧，一休無法忍受他們的存在。

更何況，現在箭頭指向自己，不能不想想辦法了。

一休心生一計，到處張貼告示，表示自己將於某日某時辰，當眾表演食魚復活的絕技。

大家看了這樣的告示，都很興奮。

不管是相信的、不信的、半信半疑的人，都抱著看戲的心情，把現場擠得水泄不通。

「是眞的嗎？」

「眞有這回事嗎？」

看到會場擺著一桶水，還有一盤可口的鮮魚料理，人們開始興奮起來。

一休見時候到了，便走向會場，當著眾人的面，坐下來一口一口地，像是很專心地享受著佳餚。

大家都屏息靜待。

一休吃完了魚，就朝著水桶拚命地嘔了起來。人們看到他那麼認眞，眞以爲魚就要從他的嘴巴裡跳出來了。

可是，嘔了半天，也沒有看到半條魚的影子。

一休裝得認眞地折騰了好一會兒，才轉向大眾，悠悠地說：「很抱歉，勞駕各位的光臨。可惜今天魚兒不聽話，不肯出來，說一旦死了，無意再生。只好請大家回去了。」

大家亢奮的心情，一下子落了空，人人都失望地抱怨起來。被一休耍了一記，也眞是莫名奇妙。

生氣歸生氣，可是，從此再也沒有人提起一休禪師能使食魚復活的神通了。

＊　＊　＊

大年初一，家家戶戶都喜氣洋洋地備妥了應景的吉祥物品，以迎接新的一

年。

人們穿戴得花枝招展，穿梭在擁擠的人群之中，沾染一絲新春的氣息。

唯獨飄逸、不拘禮數的一休，這一天遠離繁華、熱鬧的都市，一個人來到了人煙稀少的墓地。

一休這種反常的舉動，只是出自於一念慈悲。愈是容易被人們遺忘的日子，才更需來陪陪亡者。

可不是嗎？活得那麼顛倒、愚癡，這樣的人生，又有什麼意義？何不陪陪死人痛快些。

一休一個墳挨一個墳地合掌問安：「嗨！新年恭喜！又老一歲囉！」

繞來繞去，來到一座破落的小墳前，一休看到一個沾滿泥土的骷髏頭，孤寂地露出地面來。

「唉！可憐喲！無法超生，是嗎？」

一休哀憐地把它捧在手上，拭淨骷髏上的塵土。

「怎麼樣？要不要去向那些醉生夢死的人抱怨兩句？」

於是，一休找來了一根竹竿，又上年久泛黃的骷髏，大搖大擺地下山來到大街。

「當心喲！當心喲！」

一休高舉竹竿，在熙攘的人群中吆喝。

「當心喲！當心喲！」

完全無視於路人的驚慌失措，一休只是沿路高叫，還不時搖晃著手上的竹竿骷髏。

「大年初一的，眞不吉利！」

「是哪兒的和尚啊？」

大家都閃開來，七嘴八舌地談論起來。

「那就是一休禪師啊！」

「難怪，就是那有名的狂僧哦！」

一休也不介意，依舊高舉著竹竿大叫：「當心喲！當心喲！」

一般人在過年的時候，誰不想祈求新的一年爲自己帶來好運道，平安如

意、延年益壽的？

可是眼前的這個瘋僧，葫蘆裡賣的是什麼藥？

有心人看不過去了，便勸他：「師父啊！難得過年，今天就手下留情吧！這種東西，太刺眼了吧！」

「就是過年，才提著這顆骷髏來向大家賀喜啊！」

「賀喜？」

「是啊！再沒有比這副模樣更可喜了。不管是誰，遲早要變成這副模樣的——兩隻腿一伸、眼睛一閉，什麼煩惱也沒了，再沒有欲望、不安。有什麼比這個更可喜呢？」

「嗯，可是又爲什麼要當心呢？要當心些什麼呢？」

「這個啊！」一休笑著說：「人生無常，若不加緊用心，隨時都可能變成這樣啊！成天只顧追求榮華富貴、權力鬥爭、互相殘殺，到頭來只落得一場空，不是嗎？」

說完，一休又提著骷髏，四處叫嚷：「當心喲！當心喲！」

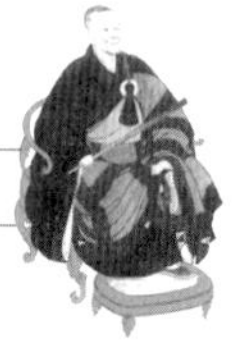

13

當機教化

有一天，一個血氣方剛的年輕人來拜訪一休。

「噢！年輕人，好久不見！」

「師父，我好慘喲！」

「怎麼啦？」

「我跟人家打架，被打得躺了一個月呢！」

「你也眞是的，還是那副德性！打輸了？」

「三對一啊！」

「那你就不對囉！對方人多，你還敢打？」

「是他們故意找碴的！他們故意撞我，卻責問我爲什麼撞人，怎不叫人發火呢？不過，不久前我倒是揍了其中的一個。」

「又是爲什麼？」

「因爲走在路上，被他撞倒啊！」

「所以他才找人一起報復？」

「大概是吧！」

「那可好！」

「爲什麼？」

「得到教訓了？」

「才不呢！師父，好漢不吃眼前虧，這仇是非報不可了！」

「傻瓜！」

「哪有挨揍不生氣的？」

「所以才傻啊！想通了，就沒什麼好計較了。」

「那麼，師父被揍了，也不會生氣？」

「生什麼氣？被揍已經很倒楣了，還拿別人的不是來動肝火，不是更吃虧嗎？」

「眞的不生氣？」

一休才搖了搖頭，卻冷不防被眼前的年輕人揮了一拳。可是，一休卻毫不動怒地呵呵大笑起來。

年輕人看到一休一點都不做作的大笑，先是一楞，隨即跪地頂禮認錯。

「師父，弟子知道錯了！請原諒弟子愚癡，向師父磕頭懺悔！」

從此以後，再也沒聽說過這個魯莽的年輕人找人打架滋事了。

＊　＊　＊

在福井縣的永平寺，有一位禪居禪師。有一天，一位賣紙的信徒往生，留下了一個非常孝順的兒子，叫庄藏。

庄藏實在無法撫平內心喪父之痛，不久，便有些精神恍惚起來。

掌櫃的看到少爺一天天地消瘦，非常擔憂，便向禪居禪師求教。

「這個嘛！這種病，全日本恐怕只有一個人能醫了。」

「請師父指點。」

「這個高人叫一休禪師，人在京都，路途遙遠，我可以為你們介紹。」

「只要少爺的病能好，哪怕是天涯海角，我都願意去！只是……。」

「只是什麼？」

「少爺不吃不睡，老躲在房裡不肯出來，如何帶他去京都見這位一休禪師呢？」

「你只要告訴他，要帶他去見父親便行。」

「可行嗎？」

「一休禪師有的是辦法！」

於是，掌櫃便帶著欣喜萬分的庄藏，捧著禪居禪師的介紹信去見一休。

幾天後，一休正在看書，知客師帶著一紙介紹信進來，說：「師父，外頭有一個精神不太正常的人，帶著這封信，前來請求師父讓他見見亡父！」

一休看了禪居禪師的信，不禁露出了笑容，同意會客。

庄藏迫不及待地想見父親一面，心神不寧地東張西望，顧不得掌櫃的用心，看到一休禪師，頭也不點一下。

「沒關係！」

一休向驚慌的掌櫃示意，要掌櫃隨他去。一休很和藹地問庄藏：「很想見見父親，是嗎？」

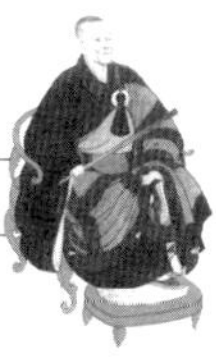

庄藏一聽，不禁猛點頭，問：「趕快讓我見見家父！」

「那不成，你父親現在在西方極樂世界，來到這裡沒那麼快啊！」

「那我們去接他！」

庄藏說著，突然站起來，拖著掌櫃就要上路。

「你可認得路？」一休問。

庄藏搖搖頭。

「還有，你一身髒污，怎麼能去？先好好沐浴淨身，換一套乾爽的衣服，吃飽了飯，才能去啊！」

「那我馬上去洗澡！」

「不急，不急！去西方極樂世界，也不是說去就能去，是有規矩的。你好好洗個澡，吃些東西，休息一會兒，等時刻一到，我再通知你。」

說著，一休便離坐回房。

庄藏自父親死後，第一次洗澡，也吃了飯，一心一意想去見思念的亡父。可是，連日來的疲勞，在他洗完澡，舒舒服服地吃了一頓難得的食物之後，突然向他襲來，就呼呼大睡起來。

到了晚上，庄藏一覺醒來，一休便吩咐他整裝上路，讓庄藏穿上亡者用的白色壽衣，又給了他一串佛珠。一休帶著這可憐的孝子，在黑漆漆的大殿繞行。

「跟著我來！」

庄藏只能依著一休的聲音前進，一路跌跌撞撞地，不知撞倒多少次。只要步伐一慢下來，一休便催促：「快！快！來不及了！」

趕急了會摔跤，沒聽到一休的叫聲，又深怕沒跟上路，庄藏拚命地趕，吃足了苦頭。

「師父，快到了嗎？」

「還早！」

庄藏累壞了，心裡又急，卻只能一再趕路。趕著、趕著，又被什麼給絆倒了。

「庄藏……。」

一休的叫聲，在大廳迴蕩。

有氣無力的庄藏跌坐在地上，再也爬不起來了，他懊喪地啜泣起來。

過了半晌，他發現四周靜悄悄地，一休也毫無動靜。庄藏漸漸害怕起來，這麼陰森森的，路途似乎還相當遙遠，他突然失去了去見父親的勇氣。

這時，一休已差門徒捧來了燭火，問他：「庄藏！要見父親嗎？還要繼續趕路嗎？」

庄藏先是沉默了好一會兒，後來竟放聲大哭：「爹，兒子不孝，兒子對不起您！」

「這就對了，庄藏啊！你意志消沉、不吃不睡的，怎麼能不讓你父親操心、牽掛呢？相信你父親也不會願意見到這麼落魄的兒子。不如打起精神來，扛起你父親留下的產業，繼承父親的遺志，才是最好的供養啊！」

庄藏茅塞頓開，和掌櫃踏上歸途。

回到家鄉的庄藏，確實振作起來，爲父業奮鬥、盡心。

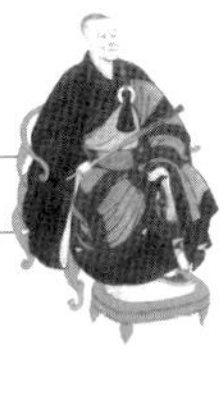

14 一休到五休

有一次，一個信徒不解地問一休：「師父！爲什麼師父的法號叫一休呢？」

一休聽了，笑了笑說：「這個嘛！一休萬事休，如何？」

「一休萬事休？嗯！」

信徒反覆地念著，覺得很有道理。

可是，一休卻又說：「其實，叫二休更好！」

「二休？」

「是啊！人，生要休，死也得休，生死一起休，才能了脫生死啊！」

「了脫生死？」

「是啊！煩惱要休，涅槃也要休，兩者一齊休，怎麼樣？」

「也對啊！」

信徒頗有領悟地點點頭。

「可是，過了二休，還得三休呢！」

一休又接了下去：「娶了老婆，若天天吵架，像是人間阿修羅❶，爭風

吃醋、戰火連連，那倒不如不要成家，這是休妻。還有，當了官，要左右逢迎，到處拍馬屁，還得擔心陞遷外放，太累人了，不如休官。

「人與人之間，碰到利害相關時，最容易起爭執，你爭我奪，誰也不讓誰；縱然爭贏了，卻已撕破了臉，有時弄得兩敗俱傷，毫無意義。所以，要休爭。

「如果能夠做到休妻、休官、休爭，不就清淨又快樂了？三休好哇！」

「有道理！三休眞棒！」

「四休才棒呢！」

「四休？」

「是的，酒、色、財、氣，四樣一齊休！」

信徒也馬上會了意，卻問：

「師父，該不會有五休吧？」

「有！四休還不夠，五休眞正好！你看看，人生在世，爲了溫飽，要四處去討活兒，就是爲著祭這五臟廟，爲三餐奔波勞頓。吃飽了不打緊，再來又要

吃得好，貪得無厭，衍生許多問題來。我們把這個罪魁禍首五臟廟一休，不就萬事皆休，平安無事了？」

千休、萬休，不如一休。

一休萬事休，萬事既休，人還有什麼想不開的呢？

❖ 註釋 ❖

❶ 阿修羅：佛教有六道輪迴之說，阿修羅為其中一道。經中記載，阿修羅形像恐怖，面目猙獰、性情暴躁且喜怒無常。

佛學視窗

- 時代背景
- 歷史人物介紹
- 一休禪師年表

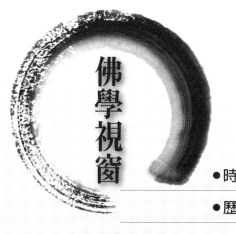

時代背景

一休禪師，西元一三九四年出生於日本京都郊外的農舍，乳名爲千菊丸。六歲時拜安國寺像外法師爲師，法名周建；十七歲時投師謙翁禪師，更名爲宗純；二十一歲時謙翁禪師往生，再投華叟禪師門下；二十五歲時有所悟，華叟禪師書「一休」二字，做爲他的號，從此人稱一休禪師。晚年染上瘧疾，經常發作，身體日益衰弱，於一四八一年在禪坐中安然過世。

一休禪師一生特立奇行，以機智幽默、嘲諷狂狷聞名，可說是日本史上最受人們愛戴的一位禪僧。他的事蹟和許多意義深遠的機智故事，至今仍爲世人津津樂道。這位一面戲弄人們、一面用機智來告訴世人眞正佛法大義的禪師，是生在什麼樣的時代呢？

一休出生時正是足利義持出任幕府將軍的時候，直到他示寂的這段時間，均是足利氏掌權統治天下的時代，歷史上稱爲足利時期（西元一三三八～一五七三年）。又因爲三代將軍足利義滿在京都的室町執政，所以這個幕府

叫作室町幕府，這個時代也因而稱爲室町時代（西元一三九二～一七五三年，爲中國明朝初年）。

室町時代的政治、社會、經濟

日本在鎌倉幕府（西元一一九二～一三三三年）末期，後醍醐天皇想自幕府手中收回政權而引發內戰。結果鎌倉幕府滅亡，足利尊氏叛離天皇，在京都另設光明院。後醍醐天皇則南遷至吉野，而成爲南北朝對立的局面。南朝建都於吉野，北朝的將軍幕府則在京都的室町。

南北朝長期分裂的局面，一直到西元一三九二年，足利尊氏的第三代足利義滿時才達成統一。統一後第一位登基的天皇爲後小松，恢復了幕府體制的室町時代。

這個時代，也正是日本史上最悲慘、最紊亂的時代。雖然在當時的將軍足利義政和足利義滿刻意推動下，宗教、文化及藝術方面，呈現一段繁盛的花開時期。但是，由於過分地醉心於文學和藝術的推展，以至於完全忽略了當時所發生的社會、經濟問題，再加上連年不斷的戰亂、饑饉、瘟疫、水災等，導致極端的貧困、饑荒，與層出不窮的兵農之變。

西元一三九一年十月京都大地震，導致饑饉、瘟疫的蔓延，隔年六、七月旱魃爲虐；接著，足利將軍庇護下的臨濟宗各寺，如最大的南禪寺、五山之一的相國寺和建仁寺先後無故失火；一四〇二年，近畿、奧羽地區發生嚴重旱荒；一四〇七年，京都又遇大地震；一四〇八年，京都、奈良爲暴風雨所襲……。各地天動地變，害得民不聊生。

在一休師事華叟禪師的二、三十歲期間，也是天災連年。西元一四二〇年，旱災帶來饑饉；一四二三年五月、七月，讚岐、京都、奈良兩度遭遇大風暴，次年流行水痘，許多人因高燒而被奪去了生命。一四二五年十一月京都發生強震，屋垣倒塌無數，還來不及重建，隔年五月京都的賀茂川又因大水氾濫成災。

接二連三的天災，加上長達十年的應仁之亂，使得政府扛下了龐大的債務，年賦的徵收更是雪上加霜，百姓生計陷於困頓當中。

室町時代的佛教概況

儘管社會動盪不安，佛教的發展卻是欣欣向榮。在此期間，佛教各宗派如日蓮宗、淨土宗、禪宗等均有長足的發展。其中禪宗因朝廷及將軍的信仰，尤爲隆盛。

一休禪師出身的禪門臨濟宗，在足利義滿時代的勢力到達最高峰。不過，那只是表面而已，禪僧們都想得到崇高的地位，對上流階級的人百般殷勤，或是想進入大寺院以獲得權勢等。至於禪宗的眞正教義，卻已經蕩然無存。宗教本來是爲了拯救眾生而產生的，此時的僧人卻沉醉於權勢的爭奪，完全忽視身邊急待拯救的世人。

另一種不尋常的現象，是京都內有錢有勢的商人或是武士們，爲了想表現出自己是有學佛修禪的深度，於是忙著親近新起的禪宗寺院或是僧人們。購買禪宗祕笈或開悟證明書，更成爲一種風潮，僧人或爲了自己，或是爲了經營寺院又賣起佛法了。

此外，比叡山的僧人使用暴力，大寺院互相攻打，在在顯現出佛教表面興盛、內在腐敗的狀況。

一休禪師的貢獻

在這樣的時代，一休禪師誕生了。這是一個混亂的時代，也是一個沒有眞正佛法的時代，他爲成爲一位眞正的僧人而活。他是窮人家們的伙伴，以機智來打擊權力者。他的禪，機鋒敏銳、一針見血，不斷地以特異的舉動來警醒世人。

一休禪師形容此時的社會，就如同地獄一般，對處在這地獄的人們，要如何活下去等問題，充滿了關懷。他深知民間疾苦，遇到他人有難時，總是不顧一切地先爲人們解決眼前的困境，再適時地曉以佛法眞諦，幫助人們求得眞正的解脫之道。上自朝廷中的皇室貴族，下至武士、商人、農民、文人、妓女等不同的階層、不同的職業，均是一休禪師攝受的對象。所以，一休禪師受到社會上各種人士的親近與尊敬，不是沒有原因的。

他所用的方法，不同於一般的僧人。他曾帶著木刀故意在街上招搖，引起

大家的注意，再闡釋「現在的禪宗和尚外表看來雖是一派堂皇，但骨子裡卻是假冒的，不中用之處和這個木刀相同」。他以這樣的奇行和諷刺的詩偈棒喝世人，希望大家深自反省。

在這樣一個亂世之中，一休禪師這種樸實且直接的言行，帶給世人一股清新的力量及深刻的體悟。相信這是一休禪師能風靡全日本，留下許多膾炙人口的故事與詩偈的原因。

日本臨濟宗

日本禪宗淵源於中國禪宗，在奈良時代，日本法相宗的開祖道昭（西元五九八～六七〇年）到中國親近玄奘大師，亦親近禪宗二祖慧可的弟子慧滿。返回日本後，在元興寺建立首座禪院，日本禪風因而展開。此後，唐代禪僧道璿、日本僧人最澄等亦將禪法傳至日本。

到了平安時代，榮西禪師（西元一一四一～一二一五年）曾二度至中國（宋朝）求法，得臨濟法脈。返日後，在鎌倉開創壽福寺、在京都建立建仁寺，鼓吹禪宗，禪宗因此而盛，被推爲日本臨濟宗的開山祖師。

日本臨濟宗的傳承

榮西禪師的弟子以榮朝、行勇、明全三位禪師最爲出名。而榮朝禪師的弟子圓爾辨圓禪師（西元一二〇二～一二八〇年），於西元一二三五年入宋，投徑山的無準師範禪師門下，並嗣其法。辨圓禪師在宋六年後返回日本，開創東福寺及普門寺等，奠定了鎌倉禪宗勢力的基礎，獲花園天皇敕諡「聖一國師」的尊號。門下弟子二十餘人，以湛然禪師與普門禪師爲著。

與辨圓禪師同時大興日本禪宗的另一位禪師是南浦紹明（西元一二三五～一三〇八年），他先是在東渡僧蘭溪道隆的座下學法，然後於一二五九年來華，參於虛堂智愚的門下，八年後返回日本。紹明禪師是一位純粹的禪者，與辨圓禪師禪、密、戒兼修有所不同，門下有通翁鏡圓禪師及宗峰妙超禪師（大燈國師）。

大燈國師（西元一二八二～一三三七年）與夢窗國師（西元一二七六～

一三五一年）是日本南北朝時代，最著名的兩位大師。夢窗國師傳承辨圓禪師的法脈，深得後醍醐天皇的敬仰，曾數度被召入宮中說法，並賜國師號。夢窗國師的門下人才輩出，嗣法者就有五十人以上。

大燈國師（宗峰妙超）爲南浦紹明禪師的法嗣，禪法以峻嚴著稱，花園及後醍醐兩位天皇均爲其皈依弟子。後醍醐天皇南遷吉野之後，大燈國師便成爲南朝的國師，與北朝的夢窗國師齊名。嗣法弟子中以關山慧玄及徹翁義亨最爲出名，徹翁義亨繼承大燈國師所創的京都大德寺第二代，關山慧玄則爲妙心寺第一代祖，此後臨濟宗即以妙心寺爲主要中心而發展延伸，至第六代法孫雪江宗深便分出四派，此後成爲日本禪師的最大主力。

一休禪師傳承的是大燈國師的法統，他的師父華叟宗曇禪師繼承大德寺派，徹翁義亨禪師的法脈；而另一位師父謙翁宗爲禪師則繼承妙心寺派，關山慧玄禪師的法脈。徹翁義亨與關山慧玄禪師，均爲宗峰妙超禪師的弟子。

五山十剎

南宋寧宗時，仿效印度五精舍十塔而定五山十剎制，於江南的禪寺中定其等級，有所謂的禪院五山；之後又定十剎，是在五山之下。日本禪僧至宋參學歸國後，也將這種制度帶回日本。

足利義滿時代，臨濟宗開始在京都及鎌倉建五山十剎制，即以京都爲中心的天龍寺、相國寺、建仁寺、東福寺、萬壽寺，加上鎌倉的建長寺、圓覺寺、壽福寺、淨智寺、淨妙寺兩個五山，合爲十剎，受到朝廷及幕府的崇敬而列爲官寺。

在此要稍加說明的是，中國的五山十剎之名是固定的，日本的五山十剎則因時代而有所改變。除了在京都及鎌倉的兩個五山之外，同時兩地又各加上十剎，合計成了三十所寺院的總稱。

歷史人物介紹

●後小松天皇（西元一三七七～一四三三年）：日本第一百代天皇，永德

二年（西元一三八二年）時登基，成爲北朝的天皇，明德三年（西元一三九二年）時南北朝合而爲一。兩年後，寵妃藤氏爲他生下了一個兒子，即家喻戶曉的一休禪師。

●藤氏（西元一三七九～一四二四年）：一休的母親。爲南朝藤原氏家族的女兒，被稱爲「伊予局」。大約在一休三十歲的時候過世。

●足利義滿（西元一三五八～一四〇八年）：室町幕府的第三代將軍。統一南北朝，鎮壓山名、大內氏等勢力，確立了幕府的權力。在京都北山營造別墅而建立了金閣寺，被稱爲北山殿。在一休誕生的應永元年（西元一三九四年）十二月，把將軍職讓位給兒子義持。

●足利義持（西元一三八六～一四二八年）：室町幕府第四代將軍。父親足利義滿將西園寺家承讓的山莊，改建爲金閣寺（鹿苑寺），並在義持的手上完成。

●像外鑑（生歿年不詳）：禪僧，爲足利氏所建立的京都安國寺的長老。一休年幼時，在此出家爲侍僧，取名周建，是一休禪師入佛門的啓蒙恩師。

●謙翁宗爲（?～一四一四年）：繼承妙心寺開山，關山慧玄禪師的法脈，爲無因宗因禪師的高足。一生甘於清貧，貫徹純粹禪，住在西金寺。在他六十多歲時，一休仰慕他的修爲而投入門下，更名宗純。

●華叟宗曇（西元一三五二～一四二八年）：八歲時就拜大德寺的徹翁義亨爲師，後來繼承言外宗忠的法統，並成爲堅田祥瑞庵的住持。一休禪師於二十二歲時拜華叟爲師，二十五歲時在華叟座下有所悟，華叟書「一休」二字以爲號，並在二十七歲時大悟。

一休禪師年表

日本年號	西元	年齡	一休禪師記事	相關大事
應永元年	1394	1	元旦生於京都。爲後小松天皇的庶子，乳名千菊丸。	足利義滿將軍讓位給義持。
應永五年	1398	5	在嵯峨模仿學問之神作詩。	
應永六年	1399	6	在京都安國寺出家，拜像外法師爲師，法名周建。	
應永八年	1401	8	被足利義滿召見。	相國寺成爲五山第一剎。
應永十三年	1406	13	向建仁寺的慕哲禪師學習漢詩。	京都發生暴風雨。

應永十五年	1408	15	創作〈春衣宿花〉一詩，膾炙人口。	足利義滿去世。京都、奈良發生暴風雨。
應永十七年	1410	17	依寶幢寺清叟法師學法，後至西金寺追隨謙翁法師。	
應永二十一年	1414	21	師父謙翁往生，一度想投湖自盡未果。	
應永二十二年	1415	22	赴堅田禪興庵，投華叟法師門下。	
應永二十五年	1418	25	一日聽聞「祇王失寵」琵琶曲，而領悟「洞山三頓」公案。華叟書「一休」做爲他的法號。	三月，京都發生大火。
應永二十七年	1420	27	五月二十日夜，在湖上聽到烏鴉叫聲而豁然大悟。華叟授印可證書，卻爲他毀棄。	各地發生大旱、饑饉。

應永三十四年	1427	34	謁見後小松上皇。	京都、關東、奧羽發生洪水。
應永三十五年	1428	35	一休的師父華叟在堅田禪興庵病逝，享年七十七歲。	足利義持病逝。
永享五年	1433	40	後小松上皇在病中召見，進宮講解心要。	關東發生大地震。
嘉吉二年	1442	49	入讓羽山，後建尸陀寺。	大和、紀尹發生暴風雨。
文安五年	1448	55	移居賣扇庵。	
寶德四年	1452	59	移居賣扇庵之南的瞎驢庵。	
享德四年	1455	62	編《自戒集》。	
康正三年	1457	64	出版法語《骸骨》。	

文明六年	1474	81	受敕擔任大德寺住持。八月患瘧疾而靜養。	應仁之亂（一四六七～一四七七）
文明十三年	1481	88	十月瘧疾發作，十一月二十一日打坐圓寂。	

國家圖書館出版品預行編目資料

機智狂雲子：一休禪師 / 陳文婉著；劉建志繪.
-- 二版. -- 臺北市：法鼓文化, 2010. 10
面；　公分
ISBN 978-957-598-535-6(平裝)

224.515　　　　　　99016742

機智狂雲子——一休禪師

高僧小說系列精選 20

著者／陳文婉
繪者／劉建志
出版／法鼓文化
總監／釋果賢
總編輯／陳重光
編輯／李金瑛、李書儀
佛學視窗／法鼓文化編輯部
封面設計／兩隻老虎廣告設計有限公司
內頁美編／連紫吟、曹任華
地址／臺北市北投區公館路186號5樓
電話／(02)2893-4646　傳真／(02)2896-0731
網址／http://www.ddc.com.tw
E-mail／market@ddc.com.tw
讀者服務專線／(02)2896-1600
初版一刷／1995年1月
二版二刷／2022年3月
建議售價／新臺幣180元
郵撥帳號／50013371
戶名／財團法人法鼓山文教基金會—法鼓文化
北美經銷處／紐約東初禪寺
Chan Meditation Center (New York, U.S.A.)
Tel／(718)592-6593　E-mail／chancenter@gmail.com

法鼓文化